Reinhard Höppner

Wandern über das Wasser

Begegnungen zwischen Bibel und Politik

RADIUS

Reinhard Höppner wurde 1948 in Haldensleben bei Magdeburg geboren. Ausbildung zum Elektromonteur; Studium der Mathematik in Dresden, 1971 Diplom, 1976 Promotion. 1980 bis 1994 Präses der Synode der Evangelischen Kirche in der Kirchenprovinz Sachsen. Bis 1990 Lektor im Akademie Verlag (Ost-Berlin), danach u. a. Vizepräsident der DDR-Volkskammer. Präsidiumsmitglied des Deutschen Evangelischen Kirchentages. Von 1994 bis 2002 Ministerpräsident des Landes Sachsen-Anhalt.

ISBN 3-87173-257-5

Umschlag: André Baumeister
Gesamtherstellung: Clausen & Bosse, Leck
Printed in Germany

Meiner Mutter

Einleitung

Wir Menschen haben mit der Bibel einen reichen Schatz. Es ist Lebenserfahrung, von Menschen weitererzählt von Generation zu Generation. Christen sagen, sie ist die Erfahrung der Menschen mit ihrem Gott. Aber selbst die, die nicht an Gott glauben, können nicht leugnen, dass sich in diesem Buch der Bücher Jahrtausende alte Lebenserfahrungen niedergeschlagen haben. Diesen Schatz gilt es zu heben gerade in einer Zeit, in der so vieles im Umbruch ist. Wir haben den Eindruck: Alles ändert sich. Welche Einsichten und Erfahrungen aber bleiben? Am ehesten wohl die, die schon viele Umbrüche überdauert haben. Es lohnt also, diesen Schatz zu heben.

Das ist ein gewagtes Unternehmen. Es ist wie Wandern über das Wasser. Es gilt, Bilder der Sprache unserer Seele hineinzuholen in die harten politischen Realitäten dieser Welt. Dazu braucht es die Gewissheit, dass man auch gehen kann auf unsicherem Grund. Denn es reicht ja nicht, diese Einsichten der Bibel Christen zu vermitteln. Es ist eine Botschaft an alle Welt, eine gute Mär, eine hochwichtige Nachricht für unsere Seelen. Wir müssen sie konfrontieren mit unserem Alltag, mit den politischen Fragen von heute. Diese Aufgabe hat sich mir unausweichlich gestellt, als ich, geprägt von der christlichen Botschaft, durch die politischen Ereignisse des Herbstes 1989 in das harte politische Geschäft geworfen wurde. Die oft so theoretisch gestellte Frage: »Kann man mit der Bergpredigt regieren?« wurde für mich plötzlich existentiell, wenn ich in diesem Amt der Politik mir treu bleiben wollte. So kam es zu den Begegnungen zwischen Bibel und Politik. Die alten Texte wurden plötzlich auch politisch hoch brisant.

Ich habe das in meiner politischen Tätigkeit oft erlebt und gelegentlich meine Mitarbeiter damit verblüfft, dass ich zu unserem aktuellen Problem eine biblische Geschichte erzählen konnte, die die Situation erhellte und uns weiter half. Das hat mich ermutigt, einigen Texten nachzugehen und herauszuhören, was sie uns heute in unserem Leben und in der Politik sagen könnten. Manche Entdeckung hat mich dabei selber begeistert. Diese Begeisterung möchte ich weitergeben, die Bilder der Bibel zum Sprechen bringen. Ich erlebe immer wieder: Die Bibel ist eine Fundgrube zur Orientierung und Gestaltung unserer Welt heute. Wer sich auf die Welt und die Sprache der Bibel einlässt, findet plötzlich Richtungweisendes zu so aktuellen Fragen wie der Bekämpfung des Terrorismus oder dem alltäglichen Mobbing, zu Freiheit und Sicherheit, zu unserer Angst vor Vielfalt in Zeiten der Globalisierung. In dieser Begegnung bekommt das Gebot »Du sollst nicht falsch Zeugnis reden« in unserer sensationsorientierten Medienlandschaft einen neuen Klang. Manchmal braucht man nur am Text entlang zu gehen, manchmal drängen sich die Gegenwartsfragen in den Vordergrund. Die Begegnung von beidem ist in jedem Falle spannend.

Ich bin kein Theologe. Vielleicht hat manch Kundigerer Einwände. Nicht mehr im Amt, bin ich frei von dem Zwang zu Kompromissen. Ich kann mir wieder Einseitigkeiten leisten. Wenn die Texte eine Provokation sind, also Antworten und Reaktionen hervorrufen, dann ist das beabsichtigt. Schließlich sollen diese Begegnungen zwischen Bibel und Politik weitergehen. Denn biblische Botschaft und politisches Engagement haben doch mindestens eines gemeinsam: Es geht ihnen um ein erfülltes und glückliches Leben der Menschen. Dies zu provozieren, dazu kann es nicht genug Einfälle geben. Ich hoffe, dass meine Einfälle dazu beitragen.

Wandern über das Wasser

I

Zur Sprache bringen. Ein Weg liegt vor mir hin zur Sprache. Vielleicht ein steiniger. Ein scheinbar undurchdringliches Dickicht. Wenn ich den Weg nicht gehe, bleibe ich sprachlos. Noch ist ein Abstand da, von mir zur Sprache. Mich zur Sprache bringen. Den Graben der Sprachlosigkeit überwinden. Manchmal das Gefühl, zwischen mir und der Sprache ist noch ein reißender Fluss. Noch bin ich sprachlos. Wie die Erde am Anfang, wüst und leer. Ganz am Anfang, bevor Gott sprach: Es werde Licht. Zur Sprache bringen ist Schöpfung. Erst durch die Sprache entstehen Lebensräume. Erst durch das schöpferische Wort werden sie mit Leben gefüllt. Schöpfungsgeschichte. Später Sprache als Quelle frischen Wassers, ohne das Leben nicht möglich ist. Immer wieder zur Sprache bringen, eine Lebensaufgabe.

Johannes Bobrowski schreibt 1963 in seinen »Wetterzeichen«:

Sprache

Der Baum
größer als die Nacht
mit dem Atem der Talseen
mit dem Geflüster über
der Stille

Die Steine
unter dem Fuß
die leuchtenden Adern
lange im Staub
für ewig

Sprache
abgehetzt
mit dem müden Mund
auf dem endlosen Weg
zum Hause des Nachbarn

Zur Sprache bringen, in den Raum mit dem Atem der Talseen und dem Geflüster über der Stille. Aber das reicht nicht: Einklang mit der Natur. Sprache sucht den Nachbarn. Erst durch Sprache entsteht Gemeinschaft. Sprache will verständigen. Auf dem Weg zum Haus des Nachbarn muss der Verstand mit ins Spiel kommen. Sprache sucht nach Entsprechung, sucht nach der Antwort im Haus des Nachbarn: »Ja, so ist es.« Eine solche Antwort wäre wie Ankommen nach diesem Weg. Eine solche Antwort wäre Erkenntnis von Wahrheit. Nicht unbedingt von Wahrheit über Fakten, die man mit »richtig« quittiert. »Ja, so ist es«, sagt die Erfahrung, nachdem der Nachbar sie zur Sprache gebracht hat. Wie aber geht das, Erfahrung zur Sprache bringen? Gerade wenn sie tief ins Innere geht, sagen wir oft: Mir fehlen die Worte. Wie geht das also, Erfahrung zur Sprache bringen? Die Sprache vollbringt zwei Wunder, die gegensätzlicher nicht sein können. Doch ohne diese Wunder wären wir einsam und arm an Erkenntnis. Die Wunder der Sprache machen uns reich. Welche Wunder meine ich?

Zunächst das Wunder der abstrakten Sprache. Dass ich mit dem Abstrakten beginne, bedarf einer Entschuldigung. Ich bin Mathematiker, und ich liebe die Mathematik, die eigentlich nichts anderes ist als eine streng logische Sprache aus wohldefinierten Begriffen und Wenn-dann-Sätzen. Wenn 1 und 1 zusammengezählt wird, dann ergibt sich zwei. Wenn ich ein rechtwinkliges Dreieck habe, dann ist $a^2 + b^2 = c^2$. Und wahr ist ein Satz in der Mathematik, wenn er sich widerspruchsfrei in dieses abstrakte Sprachgebäude einfügen lässt. Ein wunderbarer Raum, in dem es nur wahr oder falsch gibt, nichts dazwischen. Eindeutigkeit, die wir im Leben so oft vermissen. Und nun kommt das erste Wunder. Diese abstrakte Sprache hilft uns, die uns umgebende Natur zu verstehen. Die Planeten zum Beispiel bewegen sich tatsächlich auf Ellipsen, diesen abstrakten geometrischen Gebilden der Mathematik, für die das Quadrat des Abstandes zu zwei festen Punkten immer konstant ist. Natur lässt sich in Formeln fassen, so genau, dass wir kaum in der Lage sind, die Abweichungen wahrzunehmen. Die Freude darüber hat manchen, man kann es beispielsweise bei Karl Marx nachlesen, zu dem Glauben geführt, man könne die Welt umso besser erkennen, je mehr es gelänge, sie zu erfassen mit dieser Sprache der Mathematik. Da bricht die Sehnsucht durch nach Eindeutigkeit, nach einer Welt, in der nur ja oder nein gilt und nichts dazwischen. Eine Sehnsucht, mit der der Teufel ins Spiel kommt mit seinen Versuchungen. Aber da hat dieses Wunder der Mathematik seine Grenze. Der Teufel passt nicht ins logische Sprachgebäude der Mathematik mit ihren Wenn-dann-Sätzen, diesen Syllogismen, wie es in der Fachsprache heißt. Bleiben wir sprachlos, wenn es ums Leben geht?

Mit dieser Frage bin ich beim zweiten Wunder. Man erfasst es vielleicht am besten im Vergleich zweier Versuche, Sprachlosigkeit zu überwinden. Die Sprachlosigkeit entsteht in dem Beispiel, von dem ich erzählen will, durch den Tod eines geliebten Freundes. Der erste Versuch bedient sich der Sprache der Syllogismen, dieser Wenn-dann-Sätze. »Dein Freund war ein Mensch.« - »Ja«, sagt der Betroffene und fügt vielleicht, die Logik bereits durchbrechend, hinzu: »Und was für ein Mensch!« Der ihn trösten will, fügt hinzu: »Alle Menschen sind sterblich.« Wer will diesem Satz schon widersprechen. Die Sprache der Wenn-dann-Logik fügt hinzu: »Und nun ist dein Freund gestorben, so ist das nun einmal.« Und der Betroffene hört den Vorwurf: »Nun hab dich mal nicht so.« Der Betroffene fühlt sich unverstanden, von Trost keine Spur. Die Erfahrung bleibt sprachlos.

Hiob klagt vor Gott: *»Wenn man doch meinen Kummer wägen und mein Leiden zugleich auf die Waage legen wollte! Denn nun ist es schwerer als Sand am Meer.«* (Hiob 6,2-3). Franz Fühmann, bei dem ich den Vergleich zum ersten Mal gelesen habe, übersetzt etwas frei: »Wäre mein Leid gewogen, es wäre schwerer als aller Sand an allen Meeren der Welt.« Das Überraschende ist, dass der

Betroffene antwortet: »Ja, so ist es.« Und er fühlt sich verstanden. Und das, obwohl dieser Satz für einen wissenschaftlich geschulten Menschen nun wirklich jeglicher Logik entbehrt. Denn welche Waage könnte Leid gegen Sand aufwiegen? Und welcher Sand eigentlich? Wie weit geht das Ufer? Und welche Meere? Nein, mit der vielgelobten naturwissenschaftlichen Logik, die uns immer wieder als Quelle der Erkenntnis gilt, hat dieser Satz nun wirklich nichts zu tun. Alles Unsinn? Aber warum sagt der Betroffene dann aus vollem Herzen: »Ja, so ist es!«? Der Grund dafür ist jenes zweite Wunder, das uns aus der Sprachlosigkeit befreit. Es ist die Fähigkeit unserer Sprache, die inneren Vorgänge, unsere Gefühle und Erfahrungen, an äußeren Vorgängen widerzuspiegeln.

Franz Fühmann erklärt mit dieser Fähigkeit der Sprache das mythische Element in der Literatur. Die Lyrik, das sieht man sogleich, lebt von diesen dichterischen Bildern. Aber auch die vielen anrührenden Geschichten, in denen wir uns wieder finden, leben von diesem Wunder. Immer, wenn wir Sätze mit *wie* bilden, setzen wir auf diese Fähigkeit der Sprache, innere Vorgänge, Gefühle und Erfahrungen an äußeren, mehr oder weniger natürlichen Vorgängen widerzuspiegeln. »Die Situation ist wie ein undurchdringliches Dickicht.« Oder: »Ich fühle mich wie an einem wunderschönen Frühlingstag.« Diese Fähigkeit unserer Sprache hat sich längst in unserer Alltagswelt festgesetzt, selbst in so groben Redensarten wie: »Ich denk', mich tritt ein Pferd.« Diese Bildersprache ist fast die einzige Art, in der wir unsere Gefühle und Erfahrungen zur Sprache bringen können. Das Innere am Äußeren darstellen. Selbst bei der Suche nach Namen für Gott sind wir auf diese Fähigkeit von Sprache angewiesen. Und wo sich die Erfahrung nicht verdichten lässt in ein Bild, erzählen wir Geschichten. Menschen sind Geschichten erzählende Wesen. Sie erzählen sich selbst ihre eigene Geschichte so, dass sie sich darin mit ihren Gefühlen wieder finden. Und manchmal sind die ausgedachten »Lügengeschichten« der Wahrheit über uns selbst näher als die historischen Richtigkeiten. Die Welt besteht eben aus mehr als der objektivierbaren Erfahrung. Und bei Lebensgeschichten geht es immer auch um Erfahrungen, es geht um Weitererzählen von Erfahrungen in Geschichten.

Der Versuch, in diesen Geschichten nach dem historischen Kern zu suchen in der Hoffnung, dadurch der Wahrheit näher zu kommen, gleicht dem Versuch, zu definieren, wie weit der Sand am Rande des Meeres reicht, der auf die Leidwaage zu legen wäre. Der Versuch führt in die Irre. Und er ist doch immer wieder unternommen worden. Ich erinnere nur an den heftigen Streit, der seinerzeit um die Schöpfungsgeschichte ausgetragen wurde. Mit Hilfe unserer modernen naturwissenschaftlichen Erkenntnisse über die Entstehung der Welt wurde diese Schöpfungsgeschichte auseinander genommen, um diese Erzählung der Bibel der Lächerlichkeit preiszugeben: vorwissenschaftlich. »Gott im Himmel, das ist Quatsch«, lernten wir in der Schule mit dem Verweis darauf, dass der erste Kosmonaut Juri Gagarin schließlich im Himmel gewesen sei und keinen Gott gefunden habe. Aber natürlich gilt auch umgekehrt: Wer die Geschichten der Bibel wörtlich nimmt und beispielsweise die Glaubwürdigkeit der Geschichte vom Turmbau zu Babel an der Frage fest macht, ob man Reste des Turmes denn in dieser Gegend noch finden könne, der kann die Botschaft nicht verstehen. Die Sprachlosigkeit der Welt hat damit zu tun, dass diese lebensnotwendige Sprache der Erfahrung verkümmert. Die Lärmkulisse der Fernsehbilder verschüttet manch sensibles Bild. Das Ergebnis: Wir berauben uns einer entscheidenden Quelle des Lebens, der Erfahrungen nämlich der Menschen, die vor uns gelebt haben oder derjenigen, die heute unsere Nachbarn sind. »Sprache auf dem endlosen Weg zum Hause des Nachbarn.« Dabei haben wir doch solche Sehnsucht nach dem, der verständnisvoll sagt: »Ja, so ist es.«

II

»Was in der Bibel steht, das sind doch alles Märchen«, so hörte ich es schon in Kindertagen in unserer sozialistischen Schule. Ich aber liebte diese Geschichten. Meine Mutter hat sie Generationen von Kindern in ihrer unnachahmlichen Art spannend erzählt. Wie Joseph von seinen Brüdern verkauft wird und sie später vorm Hungertod rettet. Oder wie David dem Saul nur ein Stück von seinem Mantel abschneidet, obwohl er ihn doch hätte umbringen können. Alles Märchen? So schlimm wäre das nicht gewesen, wenn da nicht der verächtliche Unterton mich getroffen hätte, der mit einem Blick ins Lexikon auch noch seine Bestätigung fand: »unwahre, erfundene Geschichte«. So war es gemeint in einer Zeit, in der unwissenschaftlich ein Schimpfwort war. Aber irgendetwas hatten die Geschichten aus der Bibel mit den Märchen schon gemeinsam. Das spürte ich. Was es war, das habe ich freilich erst später entdeckt.

Beide bedienen sich der Bildersprache, besser noch der symbolischen Sprache, ein Signal dafür, dass es nicht darum geht, Historisches zu übermitteln, sondern Erfahrung weiterzugeben. Dafür ist, wie wir gesehen haben, die symbolische Sprache unentbehrlich. Hinzu kommt: Beide, die biblischen Geschichten wie die Märchen, sind, bevor sie aufgeschrieben wurden, über Jahrhunderte weitererzählt worden. So verändern sich beide wohl in ihrem schmückenden Beiwerk, in ihrem Kern aber konzentrieren sie sich auf das Wesentliche, oft in höchstem Maße sparsam, um gerade so in die tiefen Schichten unserer Seele einzudringen. Es muss nicht alles durch den Kopf. Wenn es aber um Lebensgestaltung geht, um Politisches im weitesten Sinne des Wortes, wenn plausibel gemacht werden muss, wenn die Argumente zählen, wenn es um die Scheidung der Geister geht, die da am Werke sind, dann ist Verstehen unverzichtbar. Also müssen wir auch über die Unterschiede reden. Denn der Satz: »Alles nur Märchen!« ist doch zu einfach.

Es stellt sich nämlich heraus, dass gerade die Urgeschichten der Bibel den Mythen viel verwandter sind als den Märchen. Wo aber liegt der Unterschied zwischen Mythen und Märchen? Nicht in der Bilderwelt mit Verzauberungen, Verwandlungen, Geistern und Hexenmeistern. Wohl aber in der Tatsache, dass im Märchen Gut und Böse fein säuberlich getrennt sind. Jede Frage, die ein Märchen aufwirft, ist moralisch eindeutig mit Ja oder Nein zu beantworten. Der Gute ist immer gut, der Böse ist immer böse. Am Schluss siegt das Gute, happy end ist gesichert. Nicht so im Mythos, was man oft schon daran merkt, dass eine Person weniger auftritt, das Gute und das Böse in einer Person zusammengedacht ist. So erst entsteht die Spannung des wirklichen Lebens. Freilich geht die Eindeutigkeit verloren, die unsere Märchen prägt. Aber das Leben ist eben so eindeutig nicht. Wir tun gut daran, die Geschichten unserer Bibel nicht zu Märchen zu degradieren, indem wir sie in unser fest gefügtes moralisches Koordinatensystem einpassen und aus ihnen eine Eindeutigkeit herauslesen, die sie dem Leben nur entfremdet.

Die Bibel ist eben keine Märchensammlung. Es gibt nur noch wenige Stellen in unserer Sprache, die uns an Verwandtschaft und Unterschied gleichermaßen erinnern. Ein Weihnachtslied macht mich alle Jahre wieder darauf aufmerksam. Die Engel sind es, die da sagen: »Vom Himmel hoch, da komm ich her. Ich bring euch gute, neue Mär.« Nicht Märchen werden uns gebracht, auch wenn wir viel zu oft geneigt sind, die Weihnachtsgeschichte mit dem Kind in der Krippe zu verniedlichen. Eine Mär ist eine hochwichtige Nachricht für unsere Seele. Und sie bedient sich der Sprache, ohne die wir nicht nur menschliche Erfahrungen nicht weitergeben könnten von Generation zu Generation. Wir brauchen diese Sprache auch, um die Erfahrungen der Menschen mit ihrem Gott immer wieder neu mitzuteilen. Der Mythos, auch in der Religion, ist eben nicht, wie viele meinen, eine vorwissenschaftliche Ausdrucksform, die nicht mehr passt in unsere wissenschaftlich aufgeklärte Welt. Er ist das Gefäß, in dem die hochwichtige Nachricht für unsere Seele uns erreicht, uns anrührt und verwandelt.

So gesehen würden uns historische Forschungen zur Frage, ob Jesus tatsächlich in einer Krippe gelegen hat, der Weihnachtsbotschaft, dieser »guten, neuen Mär«, nicht näher bringen. Das Bild sagt viel mehr als historische Fakten: In unserer geschäftigen Welt ist kein Platz für Gott. Die Erlösung kommt nicht durch den Chef von oben, nicht aus dem Königshaus. Und die Zuwendung Gottes gilt von Anfang an den Schwachen, den an den Rand Gedrängten und Ausgestoßenen. Das ist die weltverändernde Botschaft. Was hätten wir gewonnen, wenn wir die armselige Hütte genau lokalisieren könnten? Unter diesem Blickwinkel erscheint dann auch der Streit um die Ostergeschichten, der seit der Aufklärung heftig ausgetragen wurde, in einem neuen Licht. Es geht dabei eben nicht um die Feststellung historischer Fakten, sondern darum, dass und wie Gottes Sache weitergeht und dass dem Tod die Macht genommen ist.

Die biblischen Geschichten freilich sind weder Mythen noch Märchen. Und für manchen mag das bei den Geschichten aus dem Alten Testament noch deutlicher sein als bei denen aus dem Neuen Testament. Es sind Geschichten aus der Geschichte des Volkes Israel. Die eigene Geschichte wird zum Sinnbild, in dem wir Gottes Handeln in der Welt wieder erkennen. Äußere, wir würden heute vielleicht sogar sagen politische Vorgänge enthalten im Rückblick hochwichtige Nachrichten für unsere Seele. Geschichte wird mehr, als der Ablauf von Ereignissen. Der Auszug des Volkes Israel aus der Sklaverei in Ägypten wird zum Symbol für das Befreiungshandeln Gottes in dieser Welt. Die Erfahrungen bei der Wanderung durch die Wüste werden, indem sie von Generation zu Generation weitererzählt werden, zu geradezu symbolischen Geschichten über die Schwierigkeiten im Umgang mit geschenkter Freiheit. Die Frage, ob der Tanz um das Goldene Kalb tatsächlich so stattgefunden hat, wie die Bibel ihn erzählt, tritt zurück hinter der Botschaft: Lass dich nicht wieder gefangen nehmen, nicht blenden von den Schätzen dieser Welt. Und immer wieder, wenn wir die Geschichten weitererzählen hinein in unsere Welt, bringen wir unsere eigenen Erfahrungen ein. So wird der geschichtswirksame Gott auch unter uns stets neu lebendig.

Gottes Geschichte mit den Menschen in der eigenen Geschichte wieder erkennen, dass dies möglich ist, enthält eine zusätzliche Botschaft, vielleicht sogar eine Aufforderung an uns. Denn was damals ging, geht heute noch. Die Aufforderung lautet: Entdecke auch in deinem eigenen Leben, in den manchmal scheinbar zusammenhanglos aneinandergereihten Lebensgeschichten deines Lebens die größere Botschaft. Das befreiende Handeln Gottes zieht sich wie ein roter Faden durch die Geschichte des Volkes Israel. Warum sollte sich dieser rote Faden nicht auch in unserem Leben entdecken lassen? Gott schreibt seine Geschichte mit den Menschen weiter. Und die alten Geschichten helfen uns, seine neuen heute zu entdecken. Gewiss, manche dieser alten Geschichten verändern ihren Klang, wenn die Lebenssituation sich verändert. Nie lassen sich alle Botschaften einer Geschichte gleichzeitig entdecken. Aber immer geht es um die gute, neue Mär, diese hochwichtige Nachricht für unsere Seele.

An manchen Stellen freilich erzählt die Bibel bereits offenkundig symbolische Geschichten und Gleichnisse. Für das Verständnis solcher Geschichten habe ich noch etwas Wichtiges von den Traumdeutern gelernt. Sie müssen in Bildgeschichten lesen, müssen Symbole deuten. Manchmal sind es Jahrtausende alte Symbole der Menschheitsgeschichte. Gelegentlich sind sie mit Alltagsgeschichten verknüpft, deren symbolische Bedeutung man nur aus der Biographie des Träumenden erschließen kann. Dabei entsteht manchmal ein schwer verständliches Gemisch flüchtiger, sich auch im Gedächtnis des Träumenden schnell verflüchtigender Bilder, ein Gemisch also, das schwer zu deuten ist. Das kann man sich gut vorstellen. Da gibt es dann Elemente, die scheinbar nicht ins Bild passen. Aber es gibt eine Grundregel: Lass nicht beiseite, was dich stört. Das Ungewöhnliche ist oft der Schlüssel zum Verständnis der Dinge. Hinter dem Widerspruch steckt Lebensweisheit, die nie schwarz-weiß ist, die nie den Strich zieht zwischen Gut und Böse. Wer diese Tür öffnet, betritt einen neuen Raum der Erkenntnis. Ich habe das erlebt, als in der Geschichte von Kain und Abel plötzlich eine Tür auftauchte oder als die klugen, von Gott offenbar besonders geliebten Jungfrauen sich der christlichen Tugend des Teilens verweigerten. Was nicht ins Bild passte, wurde zum Schlüssel der Geschichte. Das Ungewöhnliche ist aufschlussreich. Eine Lebensweisheit nicht nur für Traumdeuter.

III

Wandern über das Wasser. Der Titel bezeichnet, auf welches Terrain ich mich begebe. Auf dem Land hat man festen Grund unter den Füßen. Schritt für Schritt kommt man voran. Wie in den logischen Ketten rationalen Denkens. Übers Wasser kann man nicht gehen. Menschheitserfahrung. Und so gilt von alters her das Land als das Terrain des Verstandes, des rationalen Denkens. Das oftmals stürmische Meer aber gilt als Symbol für die Welt der Seele. Der Fischer sitzt – man sieht es geradezu vor sich, wenn man in »Der Fischer und sin Fru« liest – am Ufer, an dieser Grenze zwischen Realität und Träumen. Er sitzt und sitzt. Und je länger er da sinniert, desto stürmischer wird die See, desto aufgewühlter wird seine Seele. Ein Sturm kommt auf. Und aus den Tiefen seiner Seele taucht der Fisch auf. Er hat plötzlich an der Angel, was die Wünsche seiner Träume erfüllen kann. Wäre es kein Märchen, sondern ein Mythos, so wäre sicherlich die Stimme seiner Frau die andere Stimme in seinem Inneren. Wir erinnern uns: Im Märchen sind die Stimmen getrennt. Sie kämpfen miteinander, dass es ihn fast zerreißt. Wer kennt ihn nicht, den Widerstreit der Gefühle zwischen der Welt, wie sie ist, und der Welt, die man sich träumt. Der Sturm, das Unwetter wird immer gewaltiger. Es scheint, als gehen Wünsche in Erfüllung. Doch am Ende behält die armselige Realität die Oberhand. Wie so oft in dieser Welt, in der wir sagen: »Die Realität hat ihn eingeholt.«

Wasser und Land. Träume und Realität. Inneres und Äußeres. Sie begegnen sich am Ufer. Wen wundert also, dass das Leid bei Hiob aufgewogen werden soll ausgerechnet mit dem Sand am Ufer, am Strand, aufgewogen werden soll mit dem Sand am Strand von allen Meeren der Welt? Auch die Bibel bedient sich dieser Ursymbole. Wen wundert, dass Brot und Fisch geteilt werden, die Frucht des Landes und die des Wassers? Jesus stillt den Sturm, der über die See mit den schäumenden Wellen fegt, und ich denke dabei an den Vers von Dietrich Bonhoeffer: »O Herr, gib unsern aufgescheuchten Seelen das Heil, für das du uns bereitet hast.« Und die Menschen fragen sich nach der Stillung des Sturmes: »Was ist das für ein Mensch, dass ihm Wind und Meer gehorsam sind?« Die Kraft für Leib und Seele.

Wandern über das Wasser, wer kann das? Markus erzählt die Geschichte von Jesus, der über den See wandert, unmittelbar im Anschluss an die Speisung der Fünftausend mit den fünf Broten und zwei Fischen so:

Gleich darauf forderte er seine Jünger auf, ins Boot zu steigen und ans andere Ufer nach Betsaida vorauszufahren. Er selbst wollte inzwischen die Leute nach Hause schicken. Nachdem er sich von ihnen verabschiedet hatte, ging er auf einen Berg, um zu beten. Spät am Abend war das Boot mitten auf dem See, er aber war allein an Land. Und er sah, wie sie sich mit Rudern abmühten, denn sie hatten Gegenwind. In der vierten Nachtwache ging er auf dem See zu ihnen hin, wollte aber an ihnen vorübergehen. Als sie ihn aber über den See gehen sahen, meinten sie, es sei ein Gespenst, und schrien auf. Alle sahen ihn und erschraken. Doch er begann mit ihnen zu reden und sagte: Habt Vertrauen, ich bin es; fürchtet euch nicht. Sie aber waren bestürzt und außer sich. Denn sie waren nicht zur Einsicht gekommen, als das mit den Broten geschah; ihr Herz war verstockt. (Markus 6,45-52)

ER kann auf dem Wasser gehen. IHM ist das Leben unserer Seelen vertraut, als wäre es festes Land. Er kommt vom Berg, diesem Ort der Nähe zu Gott, kommt in die Lebenssituation zwischen den Ufern, wo sie sich abmühen beim Rudern gegen den Wind. Wir sehen Gespenster, diese Angstmacher, und schreien. Dann: Alle sahen ihn und erschraken. Die Angst, die schreit, verwandelt sich, als sie ihn sehen, in Furcht vor dem Großen, dem Unbegreiflichen. »Der Baum größer als die Nacht«, schreibt Bobrowski. Das Unbegreifliche ist größer als ihre Nacht, aber sie können es nicht begreifen, wie sie das Wunder nicht begriffen haben von den Broten und den Fischen, vom Sattwerden und vom Überfluss-Haben mitten im Mangel. Sie schreien, er bringt zur Sprache: Habt Vertrauen, ich bin es, fürchtet euch nicht! Nicht das Verstehen, das Vertrauen ist die Brücke über das Wasser. Verstockt-Sein ist keine Sache des Verstandes, des Intellekts, es ist eine Sache des Herzens und der Seele. Als er zu ihnen ins Boot steigt, legt sich der Wind. Wenn man ihn im Boot hat, sind die Stürme der Seele nicht mehr bedrohlich.

Bei Johannes nimmt diese Geschichte am Ende noch eine ganz andere Wendung: Sie wollten ihn zu sich ins Boot nehmen, aber schon war das Boot am Ufer, das sie erreichen wollten (Joh 6, 21). Diese Lesart der Geschichte bei Johannes könnte das Einfallstor sein für die, die nach realistischen Erklärungen suchen: Er ging gar nicht übers Wasser, denn das geht nicht. Er stand am Ufer, und es sah nur so aus, als stünde er auf dem Wasser. Vielleicht war gerade Nebel, so dass man es nicht genau sehen konnte. Wer so erklären will und denkt, dann könne man die Geschichte besser verstehen, geht genau in die falsche Richtung, beraubt sich selbst mit dieser Erklärung einer wesentlichen Aussage, die Johannes mit in diese Geschichte aufgenommen hat: Wenn du ihn im Boot hast, bist du schon am Ziel, am anderen Ufer. Das Leben ist Überfahrt über den See. Und bei Johannes haben die Jünger nicht nur Gegenwind. Bei ihm wird der See durch einen heftigen Sturm aufgewühlt. Die Stürme der Seele werden uns ein Leben lang begleiten. Aber er steht am anderen Ufer. Denken Sie noch an den Fischer und das heftig schäumende Meer?

Wandern über das Wasser, es bleibt ein Wagnis. Matthäus erzählt darum auch ein ganz anderes Ende dieser Geschichte. Petrus kommt ins Spiel, mit ihm ein glaubensstarker Jünger, der sein Vertrauen zu Gott unter Beweis stellen will:

Herr, wenn du es bist, so befiehl, dass ich auf dem Wasser zu dir komme. Jesus sagte: Komm! Da stieg Petrus aus dem Boot und ging über das Wasser auf Jesus zu. Als er aber sah, wie heftig der Wind war, bekam er Angst und begann unterzugehen. Er schrie: Herr, rette mich! Jesus streckte sofort die Hand aus, ergriff ihn und sagte zu ihm: Du Kleingläubiger, warum hast du gezweifelt? (Matthäus 14, 28-31)

Abwegig wäre es, jetzt zu fragen, wie es denn nun wirklich gewesen ist. Ist Jesus nun auf dem See ins Boot gestiegen, oder stand er nur am Ufer? Haben die anderen die Geschichte mit Petrus nur vergessen, oder ist sie später erfunden worden und gar nicht wahr? Nein, solche Fragen führen in die Irre. Jeder Evangelist bringt eigene Erfahrungen ein, knüpft an an die Erfahrungen und Fragen der Menschen, die ihm beim Schreiben vor Augen sind, schreibt in der Hoffnung, dass die Hörer und Leser sagen: »Ja, so ist es.« Das wäre der Erweis für die Wahrheit der jeweiligen Geschichte.

Mir wird in diesen Geschichten auch wieder deutlich: Glaube und Zweifel sind in der Welt der Realitäten, auf diesem festen Grund, auf dem die Wenn-dann-Sätze gelten, ganz andere Worte als beim Wandern über das Wasser. Da ist der Zweifel eine Quelle der Erkenntnis, und glauben heißt für wahr halten. In der Welt, in die die gute, neue Mär, diese hochwichtige Nachricht für unsere Seele eindringen will, da ist Glauben das Vertrauen darauf, dass man auch auf schwankendem Grund gehen kann, da erwächst aus der Grundhaltung des Glaubens ein Leben in dem Vertrauen darauf, dass man in den Stürmen der Seele nicht untergeht. Wer nur auf die Angstmacher starrt, der hat freilich keine Chance, der geht unter, wie Petrus sinkt, als er auf die stürmischen Wellen schaut. Wandern über das Wasser: Eine große Portion Gottvertrauen gehört schon dazu.

Demütigung führt zu Gewalt

I

Meine Tochter hat schon recht: »Wenn ihr Gewalt im Fernsehen verbieten wollt, müsst ihr als erstes die Nachrichten verbieten.« Kaum eine Nachricht ohne Terroranschläge, Todesschützen oder Amokläufer und dann die oft gewaltsamen Reaktionen darauf. Die Nachrichten laufen um den Erdball. Kein Ort scheint mehr sicher. Ein Ereignis jagt das andere. Das Neue verdrängt das eben erst Vergangene aus den Schlagzeilen. Unser Erinnerungsvermögen reicht nicht, die Chronik von Terror und Gewalt zu schreiben. Und schon ein Auszug (und es ist nur ein Auszug!) aus dieser Chronik zeigt, dass der 11. September 2001 wohl ein Höhepunkt, nicht aber das A und O, der Anfang und das Ende dieser Geschichte des Terrors ist.

21. Dezember 1988: Nach einem Bombenanschlag stürzt die Passagiermaschine der US-Fluggesellschaft PanAm auf den schottischen Ort Lockerbie. 270 Menschen kommen bei dem Absturz ums Leben.

26. Februar 1993: Anschlag auf das World Trade Center in New York. Sechs Menschen sterben und tausend weitere werden verletzt. Die Sprengladung war in der Tiefgarage unter einem der beiden Wolkenkratzer des World Trade Centers versteckt.

19. April 1995: Bei dem Anschlag auf ein Behördengebäude in Oklahoma City werden 168 Menschen getötet, unter ihnen 19 Kinder. Der Täter Timothy McVeigh wollte mit dem Attentat Vergeltung üben für die Polizeiaktion in Waco im Jahr 1993. Bei dem Sturm der US-Polizei auf die Ranch des Sektenführers David Koresh in Texas kamen 80 Menschen ums Leben.

13. März 1996: Ein 43jähriger Mann erschießt in der Turnhalle der Grundschule im schottischen Dunblane 16

Erstklässler und deren Lehrerin. Zwölf weitere Schüler und zwei Lehrer werden verletzt. Der Todesschütze begeht nach der Tat Selbstmord.

25. Juni 1996: Eine Bombe explodiert vor einer US-Wohnsiedlung von Soldaten in der Nähe der saudiarabischen Stadt Dhahran. 19 US-Luftwaffenangehörige werden getötet, mehr als 500 Menschen verletzt.

24. März 1998: Ein elf- und ein 13jähriger Schüler lösen an ihrer Schule in Jonesboro (US-Staat Arkansas) falschen Feueralarm aus und richten aus dem Hinterhalt ein Blutbad an. Im Kugelhagel sterben vier Mädchen und eine Lehrerin, zehn Menschen werden schwer verletzt.

7. August 1998: Bei zwei Attentaten auf die US-Botschaften in Nairobi und Daressalam sterben 224 Menschen. Als Drahtzieher hinter den Anschlägen beschuldigen die USA den saudiarabischen Fundamentalistenführer Osama bin Laden.

20. April 1999: Bei einem Terrorüberfall auf ihre Schule in Littleton (US-Staat Colorado) töten zwei Jugendliche mit Schusswaffen und Sprengsätzen 14 Mitschüler und einen Lehrer. 20 Personen werden verletzt. Die Attentäter begehen nach der Tat Selbstmord.

12. Oktober 2000: Bei einem Anschlag auf das US-Kriegsschiff »USS Cole« im Hafen von Aden sterben 17 Seeleute. Mitglieder der radikalen Moslemgruppe »Armee Mohammeds« bekennen sich zu dem Attentat. Die US-Regierung vermutet jedoch Verbindungen zwischen den Anschlägen auf die Botschaften in Afrika und auf das Kriegsschiff.

11. September 2001: Innerhalb von 18 Minuten steuern Terroristen zwei Flugzeuge in die Türme des World Trade Centers in New York. Beide Hochhaustürme brechen nach kurzer Zeit zusammen und begraben etwa 3.000 Menschen unter sich. Ein drittes Flugzeug lassen die Terroristen auf das Verteidigungsministerium bei Washington stürzen. Ein viertes verfehlt sein Ziel – Besatzung, Crew und Terroristen sterben.

11. April 2002: Vor der Synagoge La Ghriba auf der tunesischen Mittelmeerinsel Djerba explodiert ein mit Gascontainern beladener Kleinlaster. 19 Menschen, darunter der Attentäter, erleiden tödliche Verbrennungen. Der Verdacht, dass die Explosion ein islamistischer Terroranschlag war, bestätigt sich nach einigen Tagen.

26. April 2002: Ein ehemaliger Schüler in einem Erfurter Gymnasium erschießt 17 Menschen und sich selbst. Mindestens vier Menschen werden verletzt. Der Todesschütze war zuvor von der Schule verwiesen worden.

2. Oktober 2002: Eine Serie hinterhältiger Morde versetzt die Region um die US-Hauptstadt Washington drei Wochen lang in Angst und Schrecken. In der Zeit zwischen dem 2. und 22. Oktober werden bei insgesamt 13 Mordanschlägen vor allem auf Parkplätzen vor Tankstellen und Einkaufsmärkten zehn Menschen mit Präzisionsschüssen getötet und drei schwer verletzt. Aus Angst werden Schulen geschlossen und Kultur- und Sportveranstaltungen abgesagt. Geschäfte bleiben leer. Am 24. Oktober werden der 42 Jahre alte Golfkriegsveteran John Allen Williams und sein 17 Jahre alter »Stief«-Sohn Lee Malvo festgenommen.

12. Oktober 2002: Eine Serie von verheerenden Bombenanschlägen auf der indonesischen Ferieninsel Bali kostet mehr als 180 Menschen das Leben. Als Urheber des Anschlags wird die islamische Fundamentalistengruppe Jemaah Islamiyah vermutet. Angeblich soll sie in Verbindung mit dem Terrornetzwerks Al Quaeda stehen.

23. Oktober 2002: Mit Pistolen und Sturmgewehren bewaffnete tschetschenische Rebellen stürmen in Moskau während der Aufführung eines Musicals den Konzertsaal und nehmen mehr als 800 Zuschauer und Darsteller als Geiseln. Die rund 50 vermummten Männer und Frauen fordern ein sofortiges Ende des Krieges in der abtrünnigen Kaukasus-Republik und den Abzug der dort stationierten russischen Truppen. Auch hier taucht plötzlich und kaum belegbar das Gerücht einer Verbindung zu Al Quaeda auf. Am Morgen des 26. Oktober geht das Drama blutig zu Ende: 41 Geiselnehmer und 128 Geiseln werden getötet.

Die Bilder laufen durcheinander. Während man noch die verwüsteten Stadtteile von Bali vor Augen hat, die an Ground Zero in New York erinnern, bringen die Nachrichten schon die Bilder vom Serienmörder aus Washington, der scheinbar unmotiviert und ohne jedes System Menschen in ihrer alltäglichen Umgebung erschießt. Terrorgruppen oder Einzeltäter, nachvollziehbare Motive oder blanker Wahnsinn? Täuscht der Eindruck, oder hängt vielleicht doch alles zusammen? Die Angst jedenfalls bündelt sich in uns. Und wer denkt, man könne dieses individualistische Morden auf das ferne Amerika schieben, der sei an das Gutenberg-Gymnasium am 26. April 2002 in Erfurt erinnert. Ausgerechnet in Erfurt, einer gutbürgerlichen Stadt (eben nicht in den Plattenbauten von Hoyerswerda!), am Gutenberg-Gymnasium, einer wohlsituierten Schule, an der diese Tat keiner früher für möglich gehalten hätte.

Zwischen diesen beiden Polen inzwischen alltäglich werdender Gewalt schiebt sich auch in unseren Nachrichten fast jeden Abend noch die Nachricht von getöteten Palästinensern und Israelis. Selbstmordattentat oder Rache, Terrorismusbekämpfung oder Prävention. Unbegreiflich, wie wir uns an diese Bilder gewöhnen können. Es tut richtig weh und ist eine Springflut neuen Terrorismus, wenn man mit ansehen muss, wie der Dienstsitz von Yassir Arafat von Raupen und Baggern Zentimeter für Zentimeter angefressen wird. Mich hat dieses Bild tief erschüttert. Das war für mich das Un-Bild das Jahres 2002. Das ist Demonstration von Macht und Ohnmacht. Das ist eine Demütigung, die sich nun wirklich kein Mensch gefallen lassen kann. Welt, so frage ich mich, merkst du nicht, welche Reaktionen das bei den Menschen auslösen muss, die in Bildern lernen und Bilder nie vergessen werden? Offene Auseinandersetzung, ja, die wird immer wieder nötig sein, aber hütet euch vor solchen Demütigungen. Wie soll ein Mensch noch an die Werte der freiheitlichen Demokratie, an das Recht der freien Selbstbestimmung der Völker glauben, wenn ein amerikanischer Präsident in aller Öffentlichkeit von einem Volk verlangt, sich einen neuen Präsidenten zu wählen, indem er sagt: Mit Arafat verhandeln wir nicht mehr. Das ist Demütigung, das kann sich kein Volk gefallen lassen. Das schweißt zusammen, selbst hinter einem ungeliebten Führer.

II

Eine Krankheit steckt im Körper unserer schönen Erde, frisst sich hinein in alle Kontinente wie ein Krebsgeschwür. Der Glaube daran, dass das alles nicht zusammenhängt, ist uns längst abhanden gekommen. Wir aber bekämpfen nur die Symptome dieser Krankheit und dazu noch mit einer Therapie, deren Wirkung weitgehend unbekannt ist. Dabei spüren wir die Nebenwirkungen schon allerorten. Verstärkte Sicherheitsmaßnahmen, Abbau von Freiheitsrechten, Stigmatisierung gewisser Gruppen von Ausländern. Irrationale Angst macht sich breit, bricht sich an unerwarteten Stellen Bahn. Die Therapie gegen diese Krankheit hat auf globaler Ebene einen Namen. George W. Bush hat ihn nach dem 11. September geprägt: Der neue Krieg des 21. Jahrhunderts, der Krieg gegen den Terrorismus.

Als ich diesen Namen das erste Mal hörte, lief mir ein Schauer über den Rücken. Eine Kriegserklärung gegen einen weitgehend unbekannten Feind, nicht zu lokalisieren auf diesem Globus, ein globaler Krieg also. Jeder kann gemeint sein, der nur in den Verdacht kommt, Verbindung zu Terroristen zu haben. Die »Schurkenstaaten« sind ja schon ausgemacht. Aber Terroristen sind keine Staaten. Und weil Terroristen nicht durch Präzisionsbomben und überwältigende Feuerkraft zu besiegen sind, muss man sich einen Feind aussuchen, der diese Voraussetzungen erfüllt. So und nur so hängt der Irak-Krieg mit der Bekämpfung des Terrorismus zusammen. Es wird die Farce des Betrunkenen aufgeführt, der seine verlorenen Schlüssel auf der anderen Straßenseite sucht, weil es dort unter der Straßenlaterne mehr Licht gibt. Dabei ist das Völkerrecht längst außer Kraft gesetzt. Grundlegende Prinzipien rechtsstaatlicher Ordnung sind auf den Kopf gestellt, wenn jeder Verdächtige jetzt beweisen muss, dass er unschuldig ist. Wie soll ich beweisen, dass ich nirgendwo Sprengstoff vergraben habe?

Der neue Krieg des 21. Jahrhunderts. Nach dem Anschlag auf Bali, einer sonst friedlichen Ferieninsel, dämmert manchem, dass wir tatsächlich von einem neuen Weltkrieg reden könnten. Dass die gewaltsamen Auseinandersetzungen weltweit sind, kann jedenfalls keiner mehr bestreiten. Die Sache gleicht einem weltweiten Guerilla-Krieg, oder – wie man auf der anderen Seite der Erde auch sagt – Partisanen-Krieg. Wir lernen dazu. Auch diese Art der Auseinandersetzung gibt es in Zukunft nicht nur lokal begrenzt, sondern global. Amerika müsste an Vietnam erinnert sein, und Russland hat es in Afghanistan ausprobiert und lernt es jetzt neu in Tschetschenien: Solche Kriege kann man nicht mit militärischen Mitteln gewinnen.

Was also ist zu tun? Wir haben keine andere Wahl: Wir müssen uns gründlicher mit den Ursachen dieses wachsenden Terrorismus beschäftigen. Wer das tut, muss zunächst eine offizielle Erklärung darüber abgeben, dass alles das, was dabei an Überlegungen zutage gefördert wird, nichts, aber auch gar nichts zu tun hat mit Rechtfertigung, mit Entschuldigung der grausamen Tat. Ich tue das aus Überzeugung. Und natürlich auch mit dem ausdrücklichen Hinweis darauf, dass es Aufgabe unserer zivilisierten Welt ist, Mörder zu stellen und zu bestrafen. Aber es müssen Mörder sein und nicht nur Verdächtige, die da gejagt werden. Und um auch hier keine Zweifel aufkommen zu lassen: Saddam Hussein ist nach allem, was wir wissen, ein grausamer Diktator. Wer gegen den

Krieg im Irak ist, der ist nicht für Saddam Hussein, selbst wenn das nicht immer betont wird. Ihn zu entmachten wäre eine gute Tat. Aber darüber zu entscheiden und die Mittel zu wählen, die »verhältnismäßig« sind, das kann nicht die Angelegenheit eines einzelnen Staates sein. Sonst wird der Willkür Tür und Tor geöffnet.

Mörder müssen bestraft werden. Allein, bei der Art von Terrorismus, mit der wir es jetzt zu tun haben, ist die Androhung von Strafe, ja selbst die Androhung der Todesstrafe, kein wirksames Mittel, diese Grausamkeiten einzudämmen. Selbstmordattentäter haben den Verlust ihres Lebens eingeplant. Die Bedrohung solcher Selbstmordattentäter, selbst die Androhung der Todesstrafe – und was hätten wir für eine stärkere Drohung? – bringt nichts. Und klar ist auch: solange die Zahl derjenigen Menschen, die bereit sind zur todbringenden Tat, solange der Verursacher der Krankheit sich also schneller vermehrt, als wir ihrer habhaft werden können, wird die Chemotherapie den Krebs nicht besiegen, wohl aber den Körper vergiften. Also müssen wir den Ursachen der Krankheit anders begegnen.

Die Zerstörung der Symbole wirtschaftlicher Macht und wirtschaftlichen Reichtums am 11. September 2001 legte natürlich für viele sofort die Vermutung nahe, dass es sich um einen Kampf Arm gegen Reich handelt, so wie wir ihn in unserer europäischen Tradition aus den vergangenen Jahrhunderten kennen: »Wacht auf, Verdammte dieser Erde, die jetzt man noch zum Hungern zwingt ...« Ob solche Auseinandersetzungen in der globalisierten Welt uns noch bevorstehen, so wie sie uns eindrucksvoll in dem Film »Der Marsch« vor Augen geführt worden sind, einem Film, in dem alle Armen dieser Welt auf dem Marsch ins reiche Europa sind, das weiß ich nicht. Und es ist für mich keine Frage: Es ist ein Gebot von Menschlichkeit und Solidarität, endlich energischer gegen die wachsende Kluft zwischen Arm und Reich in dieser Welt vorzugehen. Das dient auch unserer eigenen Sicherheit. Gewiss scheint mir allerdings auch zu sein: Bei den Formen terroristischer Gewalt, mit denen wir es derzeit zu tun haben, handelt es sich nicht vorrangig um den Aufstand der Hungernden gegen die Reichen und Satten. Schließlich sind es nicht die Ärmsten der Welt, die den Terror organisieren. Es handelt sich um den Aufstand von Gedemütigten. Ja, Demütigung und Erniedrigung führen zu Gewalt und Terrorismus. Diese Erkenntnis ist so neu nicht. Wir wissen das eigentlich seit der Urgeschichte von Kain und Abel. Und auf diesem Hintergrund erscheint mir diese alte Geschichte in einem neuen Licht.

III

Luther übersetzt die Geschichte so: *Und Adam erkannte sein Weib Eva, und sie war schwanger und gebar den Kain und sprach: Ich habe einen Mann gewonnen mit Hilfe des Herrn. Danach gebar sie Abel, seinen Bruder. Und Abel wurde ein Schäfer, Kain aber wurde ein Ackermann. Es begab sich aber nach etlicher Zeit, dass Kain dem Herrn Opfer brachte von den Früchten des Feldes. Und auch Abel brachte von den Erstlingen seiner Herde und von ihrem Fett. Und der Herr sah gnädig an Abel und sein Opfer, aber Kain und sein Opfer sah er nicht gnädig an. Da ergrimmte Kain sehr und senkte finster seinen Blick. Da sprach der Herr zu Kain: Warum ergrimmst du? Und warum senkst du deinen Blick? Ist es nicht so? Wenn du fromm bist, so kannst du frei den Blick erheben. Bist du aber nicht fromm, so lauert die Sünde vor der Tür, und nach dir hat sie Verlangen; du aber herrsche über sie. Da sprach Kain zu seinem Bruder Abel: Lass uns aufs Feld gehen! Und es begab sich, als sie auf dem Felde waren, erhob sich Kain wider seinen Bruder Abel und schlug ihn tot. Da sprach der Herr zu Kain: Wo ist dein Bruder Abel? Er sprach: Ich weiß nicht; soll ich meines Bruders Hüter sein? Er aber sprach: Was hast du getan? Die Stimme des Blutes deines Bruders schreit zu mir von der Erde. Und nun: Verflucht seist du auf der*

Erde, die ihr Maul aufgetan und deines Bruders Blut von deinen Händen empfangen. Wenn du den Acker bebauen wirst, soll er dir hinfort seinen Ertrag nicht geben. Unstet und flüchtig sollst du sein auf Erden. Kain aber sprach zu dem Herrn: Meine Strafe ist zu schwer, als dass ich sie tragen könnte. Siehe, du treibst mich heute vom Acker, und ich muss mich vor deinem Angesicht verbergen und muss unstet und flüchtig sein auf Erden. So wird mir's gehen, dass mich totschlägt, wer mich findet. Aber der Herr sprach zu ihm: Nein, sondern wer Kain totschlägt, das soll siebenfältig gerächt werden. Und der Herr machte ein Zeichen an Kain, dass ihn niemand erschlüge, der ihn fände. So ging Kain weg von dem Angesicht des Herrn und wohnte im Land Nod, jenseits von Eden, gegen Osten. Und Kain erkannte sein Weib; die ward schwanger und gebar den Henoch. Und er baute eine Stadt, die nannte er nach seines Sohnes Namen Henoch. (1. Mose 4,1-17)

Wenn ich jetzt der Geschichte nachspüre in der Hoffnung, Hilfreiches für unsere Welt des 21. Jahrhunderts zu entdecken, so will ich mich leiten lassen von einer Übersetzung, die Jürgen Ebach angefertigt hat, dem ich für das Verständnis dieser Urgeschichte viel verdanke. Anfangen müssen wir im wahrsten Sinne des Wortes bei Adam und Eva, denn es geht um die Grundzüge des Menschlichen. Ja, des Menschlichen. Nicht des Unmenschlichen, wie wir gern und viel zu schnell sagen, um zwischen dieser Geschichte vom Brudermord und uns einen Graben auszuheben, Distanz zu schaffen, damit wir weiter in der Illusion leben können, das Böse wäre doch auf der anderen Seite, nicht mitten in unserem eigenen Leben. Fangen wir also an mit Adam und Eva, denn hier beginnt die Weltgeschichte, unsere Geschichte, wenn auch mit einem *und*, das darauf verweist: Eine Geschichte ist dem schon vorangegangen. Der Sündenfall und die Vertreibung aus dem Paradies. Von nun an müssen die Menschen lernen, selbst über gut und böse zu entscheiden, wie sie es sich gewünscht, wie sie es von Gott gefordert haben, als

Adam und Eva vom Baum der Erkenntnis aßen. Jetzt beginnt die Weltgeschichte, in der die Menschen die Freiheit, aber auch die Verantwortung haben, ihre Lebensregeln selbst zu bestimmen.

Und Adam war mit Eva, seiner Frau, intim gewesen, und sie wurde schwanger und gebar den Kain, und sie sprach: Ich habe einen Mann erschaffen mit Gott. Und sie gebar weiter, nämlich seinen Bruder Abel. Und Abel wurde Kleinviehhirte, und Kain wurde Ackerbauer.

Die unterschiedlichen Brüder! Man kann sie sich nicht unterschiedlich genug vorstellen. Schon die Namen sagen es: Kain, von Eva mit Gott erschaffen. Abel – ein Hauch, ein Wind der vorüber geht. Kain steht für das Bebauen, Abel wird Hüter, als wollte dieses Bruderpaar an die beiden Aufgaben erinnern, die Adam und Eva nach der Vertreibung aus dem Paradies mit auf den Weg bekommen haben: Die Erde bebauen und behüten. Das Behüten, so scheint mir, fällt uns bis heute schwerer als das Bebauen. Wer denkt schon daran, dass Raubbau auch Brudermord ist. Wenn wenige das Öl der Welt verbrauchen, dann sterben die Kinder in Afrika an Hunger. Und wenn sie die Ölvorräte für sich sichern wollen, dann fallen Bomben. Wir wissen das so gut wie Kain. Aber es ist schwer, aus der Geschichte zu lernen. Das sollte, das darf uns nicht entmutigen. Gott setzt auch in dieser Geschichte darauf, dass die Menschen lernen können, manchmal freilich erst aus bitteren Erfahrungen. Darauf zielt diese Geschichte. Darum müssen wir sie immer wieder durchgehen, diese Urgeschichte der Menschheit.

Und es geschah nach einiger Zeit, da brachte Kain von den Früchten des Erdbodens ein Opfer dar für Gott. Und Abel – auch er brachte dar von den Erstlingen seiner Herdentiere und von ihrem Fett, und Gott blickte wohlgefällig auf Abel und auf sein Opfer. Und auf Kain und sein Opfer blickte er nicht wohlgefällig. Da ergrimmte Kain sehr, und er ließ sein Angesicht fallen.

Schon als Kind hat mich diese Stelle geärgert. Sie störte meinen Gerechtigkeitssinn. Warum, so habe ich mich gefragt, ist Gott so ungerecht, dem einen Anerkennung zu zollen und den anderen zu missachten. Ist Gott nun nicht selber schuld an dem Konflikt, der daraus entsteht? Schließlich bringen beide Opfer. Jeder bringt das ein, was er hat. Das kennen wir doch: »Dienet einander, ein jeder mit der Gabe, die er empfangen hat.« Warum also diese Ungleichbehandlung? Ich hatte immer das Bild aus unserem Christenlehrebuch im Kopf von den beiden Altären, die da nebeneinander aufgebaut sind. Der Rauch des einen steigt nach oben, der des anderen wird auf den Boden gedrückt. Inzwischen weiß ich, dass das Motiv schon aus den frühchristlichen Katakombenbildern stammt. Wenn ich die Geschichte aus dem Kopf hätte erzählen müssen, dann hätte ich die Szene von dem Rauch an dieser Stelle eingetragen. Aber sie steht nicht da. Nichts steht in dem Text, an dem man erkennen könnte: Auf Abels Opfer schaut Gott wohlgefällig, auf Kains aber nicht. Woran, fragt man sich, woran hat Kain das erkannt?

Der Text gibt keine Antwort. Und so mag es nicht verwundern, dass es im Laufe der Auslegungsgeschichte unterschiedliche Antworten auf diese Frage gegeben hat. Da gibt es die fromme, die sagt: Auf die innere Haltung kommt es an. Kain war eben nicht mit dem Herzen dabei, und Gott sieht nicht nur die Äußerlichkeiten, er sieht das Herz an. Aber warum steht dann kein Hinweis in dem Text? Auch wenn diese Trennung von innerer Haltung und äußerem Gebaren in der bürgerlichen Moral bis heute ein leitendes Motiv ist, ich kann dieser Antwort nicht folgen. Zu schnell macht sie den Weg frei für Vorurteile, den anderen auf die Seite des Bösen zu stellen. Der Böse zeigt sich zwar äußerlich friedlich, ist aber doch ein Schurke, der Wolf im Schafspelz. Auf der internationalen politischen Ebene sind die »Schurkenstaaten« ja schon ausgemacht, und es kann jederzeit noch einer hinzukommen, je nach Interessenlage. Nein, das gibt der Text nicht her. Bis zur Opferszene gibt es keinen moralischen Unterschied zwischen Kain und Abel. Und auch einer anderen Interpretation mag ich nicht folgen.

Sie sieht die Unterschiede schon von Geburt an: Eva gebar Kain mit Jubel, Abel gebar sie lediglich auch. Nein, das begegnet mir zu oft, dass Menschen ihr Schicksal mit ihrer schweren Kindheit begründen und damit die Gestaltungsverantwortung für ihr Leben von sich wegschieben.

Wenn der Text nichts notiert, muss es eine einfachere, eine selbstverständliche Antwort geben. Es muss eine Erklärung geben, die keines besonderen Erkennungszeichens bedarf, mit anderen Worten eine natürliche Erklärung, etwas Selbstverständliches. Was wäre eine selbstverständliche Erklärung? Zum Beispiel die: Der eine hatte eine Missernte, der andere hatte ein gutes Jahr. Das wäre nicht erklärungsbedürftig. So ist das Leben. Das wechselt auch mal wieder. Nicht immer hat der eine Misserfolg und der andere Erfolg. Deswegen ist auch nicht der eine gut und der andere böse. So gesehen steht nicht mehr die Frage nach Gottes Gerechtigkeit im Mittelpunkt, sondern die Frage an Kain: Wie gehst du, Bruder Kain, mit Niederlagen um? Zunächst sehr menschlich, und das ist nicht zu beklagen: »Da ergrimmte Kain sehr und ließ sein Gesicht fallen.« Luther übersetzt: »... senkte finster seinen Blick.« Er war sauer, würden wir heute sagen. Aber die wohl genauere Übersetzung: »... ließ sein Gesicht fallen« gefällt mir fast noch besser. Zu oft haben Misserfolge etwas mit Gesichtsverlust zu tun. Und darin steckt mehr Sprengstoff als nur in der Tatsache, dass man mal kein Glück hatte. Wieder einmal hat die Auslegungsgeschichte mit einem nicht im Text stehenden Eintrag versucht, diese Urgeschichte zu einer Frage von Moral und Unmoral zu machen, während doch die Kernfrage lautet: Wie gehen wir Menschen mit Niederlagen um? Das ist an sich noch keine Frage von Moral und Unmoral, sondern eine Frage verantwortlicher Lebenspraxis. Das gibt es, dass der eine Erfolg hat in seiner Arbeit und der andere nicht. In unserer erfolgsorientierten Welt, in unserer Welt des immer gnadenloser werdenden Wettbewerbs wird dies schnell zu einer Frage von sinnlosem oder erfülltem

Leben. Die Niederlage im Einzelfall wird zu einer Grundsatzfrage, erscheint als Misserfolg des Lebens. Aber jetzt lauert die Gefahr. Und darum und davor warnt Gott den Kain.

Und Gott sprach zu Kain: Warum ergrimmst du, und warum lässt du dein Angesicht fallen? Ist es nicht so: Wenn du es gut machst, ist Erheben (Wenn es dir gut geht, kannst du dein Haupt erheben), aber wenn du es nicht gut machst, liegt die Sünde vor der Tür auf der Lauer, und nach dir hat sie Verlangen, du aber sollst über sie herrschen.

Jürgen Ebach macht darauf aufmerksam, dass Luthers Übersetzung hier in die Irre führt. Von Kains Frömmigkeit steht im hebräischen Text nichts. Das würde in diese Urgeschichten auch noch gar nicht passen. Es geht um die Gefahr, die hinter einer Niederlage, hinter einem Misserfolg lauert, die Sünde. Sie lauert vor der Tür. Vor der Tür? Wo gibt es in dieser Geschichte eine Tür? Für mich spielt die Geschichte immer in der freien Natur, zwischen Wald und Feld. Die Tür ist das Symbol der Grenzlinie zwischen privatem und öffentlichem Raum. Die Sünde lauert vor der Tür. Sie lauert, wenn ich das Gefühl habe, nicht mehr erhobenen Hauptes vor die Tür treten zu können, in die Öffentlichkeit: Was denken die Leute von mir? Die Sünde lauert vielleicht, weil ich denke, ich hätte wegen dieser Niederlage, wegen dieses Misserfolges mein Gesicht verloren. Jeder, der einmal eine solche Niederlage verkraften musste, weiß, wovon ich rede. Dabei ist es doch noch so einfach: Kain hat keinen Erfolg bei seiner Arbeit, Kain ist frustriert. Aber das kann doch mal passieren! Misserfolge gehören zum Leben. Gott aber weiß, wie gefährlich das ist. Darum seine Warnung. Aber die Warnung hilft nicht. Kain kann die Sünde, Kain kann sich nicht beherrschen. Der aktuelle Misserfolg hat in ihm längst an Macht gewonnen nach dem Muster: Ich bin ein Versager. Ich bin der ewige Verlierer. Wie geht Kain mit dem Misserfolg, den er als Demütigung empfindet, um? Das ist das Thema dieser Geschichte.

Da sprach Kain zu seinem Bruder Abel: Lass uns aufs Feld gehen. Und als sie auf dem Feld waren, erhob sich Kain gegen Abel, seinen Bruder, und tötete ihn.

Gewalt als Folge von Frustration, Enttäuschung, Erniedrigung, Demütigung. Mord aus Eifersucht, wenn ich Max Frisch folge, der Eifersucht einmal als die Angst vor dem Vergleich bezeichnet hat. Die Botschaft Gottes ist nicht angekommen, dass sich der Wert eines Menschen nicht misst am Erfolg seiner Arbeit. Das Ergebnis ist Gewalt. Brudermord. Die Menschen heute haben subtilere Formen der Gewalt entwickelt, schlagen nicht mehr den Konkurrenten, sondern die Frau und die dann die Kinder. Oder sie schlagen die Ausländer oder drangsalieren einfach die Schwächeren. Die Unfähigkeit, mit dem Gefühl von Niederlagen umzugehen – und es sind ja oft nur scheinbare Niederlagen – führt zu Gewalt. Gewalt, die Gemeinschaft zerstört. Aber da sind wir schon bei den Folgen der Tat. Zunächst folgt auf den Mord die Verdrängung der Tat.

Da sprach Gott zu Kain: Wo ist Abel, dein Bruder? Und er sprach: Ich weiß es nicht, bin denn der Hüter meines Bruders ich?

Mit einem Wortspiel versucht Kain sich aus der Affäre zu ziehen. Im Urtext kann man das offenbar noch deutlicher merken. Hüter (Vieh-Hüter) ist doch Abel. Wieso soll ich Hüter sein? Mir fallen dabei so viele Wortspiele und stereotype Redensarten ein, mit denen in der politischen Landschaft von heute Verantwortung weggeschoben wird. Die meisten Skandale entstehen bei dem Versuch, Fehler zu vertuschen. Nicht immer ist es so drastisch wie in unserer Geschichte, aber immer wieder erleben wir das gleiche Muster: Auf Mord folgt Verdrängung. Und dann, so lesen wir den Text meist, dann folgt die Strafe.

Gott aber sprach: Was hast du getan? Die Stimme des Blutes deines Bruders schreit zu mir von der Erde her. Und jetzt, verflucht bist du, weg vom Erdboden, der seinen Mund aufgetan hat, aufzunehmen das Blut deines

Bruders von deiner Hand. Ja, du wirst den Erdboden bebauen, er aber wird dir fürderhin seine Kraft nicht geben; unstet und flüchtig wirst du sein auf der Erde.

Aber es geht nicht um die Strafe Gottes. Das Bild vom strafenden Gott hat sich uns so tief eingeprägt, diese Vorstellung von Gott als moralischer Instanz, dass wir davon nicht mehr loskommen. Aber es ist nicht das Gottesbild des Alten Testamentes. Mir scheint, als halten wir an diesem Bild so beharrlich fest, weil wir immer wieder versuchen, die Folgen unserer Taten auf Gottes Konto zu buchen: Unsere Tat und Gottes Strafe. So nähren wir das Bild vom strafenden Gott. Aber das ist unsere moralische Sicht auf diese Geschichte. In der hebräischen Bibel sind Tat und Tatfolge aber nicht voneinander zu trennen. Es geht nicht nach dem Muster: Die Tat begeht der Mensch, die Tatfolge ist die Strafe Gottes. Und darum geht es bei Gottes Einrede auch nicht um die Strafe Gottes, es geht um die unzweideutige und mächtige Ansage der Folgen dieser Mordtat. Wenn wir doch bereit wären, die Folgen unserer Taten rechtzeitig zu bedenken! Das wäre eine Mahnung aus dieser Geschichte: Bedenke rechtzeitig die Folgen deiner Taten. Stattdessen üben wir uns im Nichtwahrhaben-Wollen. Deine ganzen Kunststücke der Verdrängung, lieber Kain, werden nichts daran ändern können, dass diese Tat Folgen hat. Der Erdboden wird seine Kraft nicht geben. Du gräbst dir selbst das Wasser ab, sägst den Ast ab, auf dem du sitzt. Die nächste Missernte ist vorprogrammiert. Unsere Lebenserfahrung sagt: Wer einmal auf der schiefen Bahn ist, rutscht immer tiefer hinein. Muss die Katastrophe erst passieren, ehe man aufwacht?

Da sprach Kain zu Gott: Zu groß ist mein Vergehen und seine Folge, als dass ich sie tragen könnte. Siehe, du vertreibst mich heute vom Angesicht des Erdbodens, und von deinem Angesicht muss ich mich verbergen und muss unstet und flüchtig sein auf der Erde, und es wird so sein, dass jeder, der mich trifft, mich töten kann.

Da liegt das eigentliche Problem. Wo Niederlagen nicht verkraftet werden und sich in Aggressionen nach außen äußern, da wird nicht nur materiell der Nährboden zerstört, aus dem wir leben. Die schlimmere Folge ist die Zerstörung der Gemeinschaft. Gewalt zerstört Gemeinschaft und zwar nicht nur die Gemeinschaft mit dem, gegen den ich meine Gewalt gerichtet habe. Es zerstört auch die Gemeinschaft, aus der heraus ich lebe. Allein aber kann man nicht leben. Erfülltes Leben heißt immer auch gelingende menschliche Gemeinschaft. Leben ohne den Schutz der Gemeinschaft ist der sichere Tod. Gottes Liebe aber erweist sich darin, dass er in der gemeinschaftszerstörenden Spirale der Gewalt, die da zu entstehen droht, einen Stopper setzt.

Da sprach Gott zu ihm: Nicht so, sondern wer Kain erschlägt, an dem soll es siebenfach gerächt werden. Und Gott machte dem Kain ein Zeichen, dass ihn niemand tötete, der ihn träfe. Da ging Kain weg vom Angesicht Gottes und wohnte im Lande »Flüchtigkeit«, jenseits von Eden, gegen Osten.

Der Mörder bleibt Mensch. Das ist die Grundvoraussetzung für den Erhalt der Gemeinschaft, für den gemeinsamen Erfolg. Das ist in unserer Welt, in der immer noch die Vorstellung lebt, man müsse nur das Böse ausrotten, dann werde die Welt gut, eine ungeheuerliche Aussage. Später wird man lesen: »Liebet eure Feinde.« Ich bin inzwischen der Meinung, dass dies eine politisch höchst rationale Forderung ist: Nur wenn mein Feind, und sei es ein Mörder, einen menschenwürdigen Platz auf dieser Erde hat, dann kann auch ich in Frieden leben. Es muss ja nicht gerade der Garten Eden sein. Aber ein menschenwürdiger Platz muss es schon sein, an dem man ohne totalen Gesichtsverlust leben, ein Mensch bleiben kann. Kain lebt im Land »Flüchtigkeit«. An einem menschenwürdigen Platz für meinen Feind, für den ganz anderen, für den, mit dem ich eigentlich nichts zu tun haben möchte, an einem solchen Lebensraum mit zu arbeiten, dass ist die Kärrnerarbeit gegen Gewalt in dieser Welt. Wenn und wo das gelingt, geht das Leben weiter, Gott sei Dank:

Und Kain war mit seiner Frau intim, und sie war schwanger, und sie gebar den Henoch, und er wurde der Erbauer einer Stadt und nannte sie nach dem Namen seines Sohnes Henoch.

Das ist die hoffnungsvolle Botschaft für alle, die lernen müssen, mit Niederlagen umzugehen. Das Leben geht weiter. Nicht der Abbruch der (Kultur-)Geschichte steht am Ende. Es gilt nicht: Alles ist aus. Es entsteht eine Stadt, griechisch Polis. Es entsteht die Politik als die Kunst, die Konflikte in dieser Welt so zu regeln, dass menschliche Gemeinschaft wachsen kann und erhalten bleibt. Ohne diesen Vers wäre die Geschichte ziemlich hoffnungslos. Mit diesem Vers wird aus dem missglückten Umgang mit einer Niederlage ein Lernprozess für gelingende Gemeinschaft, der Anfang von Politik, die uns die Konflikte nicht ersparen wird, uns aber auf Werkzeuge verweist, mit Konflikten gemeinschaftsdienlich umzugehen.

IV

Demütigung und Erniedrigung führen zu Gewalt und Terrorismus. Das erleben wir täglich. Uralte Menschheitsgeschichte. Was also ist neu? Wo liegt die besondere Dramatik heute, die wir längst fühlen und doch irgendwie nicht fassen können? Und stimmt das Gefühl, dass dies alles zusammenhängt, die weltweit eskalierende Gewalt und die kleine, alltägliche Gewalt, die an Brutalität zunimmt? Ist es richtig, dass uns ein Kampf der Kulturen bevorsteht, wie Samuel P. Huntington behauptet? Warum erleben wir gerade jetzt eine solche Welle von Terrorismus? Eins ist jedenfalls neu im Zeitalter der Globalisierung, in einer Zeit, in der die Entfernungen gemessen werden in Übertragungssekunden von Bits und Bytes. Die Welt ist kleiner geworden. Der ganz andere, von dem wir früher tausende von Kilometern entfernt waren, ist zu unserem Nachbarn geworden. Die Nachrichten von Bali stören die Ruhe in unserem eigenen Wohnzimmer.

Da bin ich doch noch einmal an die alte Geschichte erinnert und an das Bild, das die Auslegungsgeschichte in den Zwist zwischen Kain und Abel eingetragen hat: Zwei Altäre, die Bilder der Kunstgeschichte malen sie nebeneinander. Jeder bringt das Seine, der Rauch des einen steigt auf, der des anderen wird niedergedrückt. Das ist es, was die Demütigung provoziert: der direkte Vergleich, die unmittelbare Konfrontation unterschiedlicher Kulturen und Opfertraditionen. Solange jeder in seinem Bereich seinem Gott dient, man sich bestenfalls gegenseitig besucht, kann der Konflikt vermieden werden. Aber im unmittelbaren Nebeneinander, im direkten Vergleich bricht er aus, geradezu unvermeidlich und unerbittlich – Blut tränkt die Erde. Der (scheinbar) Gedemütigte schlägt zu. Es ist also durchaus kein Zufall, dass Gewalt und Terrorismus aufblühen, nachdem die Mauer gefallen, die Zeit der Abgrenzung vorbei ist. Schließlich ist die Auflösung der Blöcke ein Bestandteil des Prozesses der Globalisierung, in dem die Kulturen der Welt näher zueinander kommen. Und wenn in diesem Prozess nach dem Sieg des Kapitalismus, nach dem Ende des Kommunismus, einige meinen, jetzt wäre entschieden, wer im Besitz der Wahrheit ist und im Besitz des Wissens über Gut und Böse, dann ist das für die Unterlegenen eine Erniedrigung. Wenn die Sieger glauben, unterscheiden zu können zwischen »guten Staaten« und »Schurkenstaaten«, dann muss das denen, die nicht auf der Seite der Sieger stehen, Angst machen.

Aber so einfach ist die Einteilung in Opfer und Täter nicht. Gewiss, gedemütigt worden ist die Weltmacht Amerika am 11. September 2001, als die Symbole ihrer wirtschaftlichen und militärischen Macht, das World Trade Center und das Pentagon, zerstört wurden. Und Amerika reagiert mit Gewalt, mit dem neuen Krieg des 21. Jahrhunderts. Aber ist nicht auch die arabische Welt, die Welt der Muslime gedemütigt worden durch die Missionare des american way of life? Dies entschuldigt gewiss nicht die grausame Tat. Keiner bezweifelt eigentlich noch, dass Bin Laden ein gefährlicher Terrorist ist, auch wenn wir vermutlich nur auf wenige Quellen angewiesen sind, die ständig wiederholt werden. Aber ist es nicht auch eine Demütigung durch die Weltmacht Amerika, wenn sie Bin Laden benutzt, solange es ihr im Kampf gegen Russland in Afghanistan nutzt, wie seinerzeit geschehen, sie ihn dann aber fallen lässt, wenn es ihr nicht mehr in das Konzept ihrer Weltmachtpolitik passt und die Frontlinien inzwischen anders verlaufen?

Die Bekämpfung dieses Terrorismus braucht nicht die Demonstration von Macht nach dem Motto: Härte zeigen. Im Gegenteil: Die Arroganz der Macht ist der entscheidende Nährboden von Terrorismus, weil sie zu neuer Demütigung führt. Für die Bekämpfung des Terrorismus brauchen wir vielmehr Strategien wechselseitiger Anerkennung unterschiedlicher Religionen und unterschiedlicher Formen gesellschaftlichen Zusammenlebens. Sie alle beginnen mit der naheliegenden Aufgabe, zusätzliche Demütigungen zu vermeiden. Das ist zwischen ungleich großen und unterschiedlich starken Partnern nicht leicht. Mit der Demonstration von Macht wird dem allerdings nicht gedient. Frieden entsteht nur, wo auch mein Gegner einen menschenwürdigen Platz auf dieser Erde hat. Wer also setzt das Kainsmal auf die Stirn des Mörders? Wer durchbricht die Kette der Demütigungen? Das geschieht jedenfalls nicht, wenn der deutsche Bundeskanzler in einem Atemzug mit Fidel Castro und Gaddafi genannt wird. Es ist eine Kulturleistung der Menschheit in der westlich abendländischen Welt, Stück für Stück die Elemente eines Rechtsstaates im Bewusstsein der Menschen verankert zu haben. Menschenrechte auch für den Verbrecher. Die Regeln des Rechtsstaates als Kainsmal. Darum ist es für mich höchst beunruhigend, dass im Ergebnis eines wachsenden Terrorismus gerade solche Elemente des Rechtsstaates untergraben werden. Dass Bin Laden seine Solidarität mit dem Regime Saddam Husseins im Irak bekundet, ist eben noch kein Beweis für deren Zusammenarbeit. Wo kämen wir da hin, wenn schon die

Solidaritätserklärung eines Mörders mir gegenüber mich zum Kumpanen des Mörders und zum Mitschuldigen macht?

Demütigung führt zu terroristischer Gewalt. Die Gewaltzellen wachsen schneller als wir sie bekämpfen können. Also ist die erste Aufgabe: Vermeide Demütigungen. Mute auch deinem Feind nicht den totalen Gesichtsverlust zu. Das gilt besonders, wenn der andere das Gefühl hat, dass sein Glaube, seine religiöse Überzeugung mit Füßen getreten wird. Dann wird die Verteidigung des eigenen Gesichtes zur Verteidigung des Gottes, dem man verpflichtet ist. Die Mahnung geht natürlich an beide Seiten. Denn wer kann nicht verstehen, dass das gedemütigte Amerika sich geradezu gezwungen sieht zurückzuschlagen. Eine Weltmacht kann nicht ohnmächtig sein. Die Spirale von Demütigung und Gewalt dreht sich weiter. Wer setzt den Stopper in dieser Todesspirale? In der Urgeschichte von Kain und Abel setzt Gott selbst das Zeichen, das Kainsmal. Selbst der Brudermörder Kain darf nicht vogelfrei sein. Keiner soll ihn erschlagen dürfen. »Strafe« als spürbare Folge der Tat ja, Demütigung nein.

Wechselseitige Anerkennung, Nebeneinander ohne Gesichtsverlust, das ist auch der Schlüssel für die Lösung des Problems im Nahen Osten: Schritte hin zur Partnerschaft. Letzten Endes bezweifelt das keiner, die Frage ist nur, wie. Derzeit werden immer noch Fundamente des Hauses gesprengt, das eigentlich gebaut werden sollte: Das gemeinsame Haus Naher Osten. Die Befriedung des Nahen Ostens muss für die Staatengemeinschaft eine ebenso vitale Frage werden wie der Kampf gegen den weltweiten Terrorismus. Sie könnte sogar der Schlüssel für die Lösung dieses Problems werden.

Stellt sich schließlich die Frage, ob uns unser Gefühl täuscht, dass diese Probleme internationaler terroristischer Gewalt zusammenhängen mit all den schrecklichen Gewalttaten, die rund um den Globus die Nachrichten füllen, die von Amerika bis hinein in das Erfurter Gymnasium unsere Welt beschäftigen. Das Nebeneinander der

Nachrichten könnte uns ja auch verführen, Zusammenhänge zu sehen, wo gar keine sind. Wer alles nur auf den Nenner bringt: »Die Welt ist brutal und grausam«, löst kein Problem. Unterscheidung ist nötig. Und doch gibt es für mich einen roten Faden, verbunden mit dem Stichwort der Demütigung. Und dahinter steht ein politisches Glaubensbekenntnis, dessen gemeinschaftszerstörenden Charakter wir offen ansprechen müssen. Wie ein Naturgesetz wird uns verkündet, dass es in Zeiten der Globalisierung eine zentrale Aufgabe ist, den globalen, schrankenlosen Wettbewerb zu organisieren. Aber war das nicht gerade der Auslöser für den Brudermord in unserer Urgeschichte der Menschheit, Verlierer im Wettbewerb in der Arbeitswelt zu sein?

Der uneingeschränkte, der schrankenlose Wettbewerb gilt als Schlüssel für den Erfolg, als die Springquelle des Fortschritts. Wer da Fragen stellt und Schranken setzen will, und sei es im Bereich der Gentechnologie, steht dem Fortschritt im Wege. Merken wir nicht, wie der gnadenlose Wettbewerb zu viele Verlierer produziert, zu viele Zurückgesetzte, die längst auf der Seite der wenigen Gewinner böse Machenschaften unterstellen und ausmachen können. Das beginnt schon im Alltag, wo der fleißige Handwerker gegen die großen Baufirmen verliert. Und von Chancengerechtigkeit auf unserem Globus sind wir weit entfernt. Da begegnen sich die Probleme der sozialen Gerechtigkeit mit denen der religiös und kulturell Zurückgesetzten. Zu viele Niederlagen, zu wenige Gewinner. Und die Spirale der Gewalt wächst weiter an.

Hier treffen sich nun auch die großen Probleme mit denen in unserer unmittelbaren Umgebung. Plötzlich gibt es eine Brücke zwischen den Anschlägen am 11. September 2001 und dem Amoklauf des Schülers in Erfurt wenige Monate später. Das Abitur nicht geschafft. Von der Schule geflogen. Vielleicht ist das harte Wort von der Demütigung bei dem Todesschützen von Erfurt zu stark. Aber das kann man wohl sagen: fehlende Anerkennung. Offenkundig ein Motiv, das zu Aggressionen gegen die

Lehrer führte. Ein demonstrativer Selbstmord, sicher, mit allen entsprechenden Begleiterscheinungen. Aber immer wieder geht es darum, Anerkennung zu finden, Aufmerksamkeit. Hier gibt es auch eine Verbindung zu dem 16-jährigen Schüler und seiner Entführung in Waiblingen, der selbst als Begründung seiner Tat sagte: Er wollte endlich einmal Aufmerksamkeit bekommen. Man will Spuren hinterlassen in dieser Welt. Und dort, wo allabendlich Selbstmordattentate in den Nachrichten vorgeführt werden, Bilder sich einprägen, wie sich Aufmerksamkeit erheischen lässt, werden solche drastischen Formen von Selbstmord und Gewalttaten sich häufen. Also sind wir auch hier geworfen auf die Frage, was wir gegen diese Ursachen tun können: Gegen fehlende Anerkennung und Demütigung.

Unsere Wettbewerbsgesellschaft läuft, ganz gegen den öffentlich kommunizierten Augenschein, in die entgegengesetzte Richtung. Harter Wettbewerb führt eben für die meisten nicht zu mehr Erfolgserlebnissen. Im Gegenteil, er macht viel zu viele zu Verlierern. 50 Bewerbungen auf eine Stelle, einer wird genommen, 49 sind Verlierer. Dem Handwerksmeister geht es bei der Bewerbung um einen Auftrag nicht anders. Nur der erste gewinnt. Ab Platz zwei ist man Verlierer. Bei Olympiaden werden wenigstens drei Medaillen verliehen und erst der vierte ist jener undankbare Platz. In unserer Wettbewerbsgesellschaft stimmt das Verhältnis zwischen Gewinnern und Verlierern nicht. Und wer da gegen mich gewinnt! Das ist eine Demütigung. Viele retten sich mit dem Argument, da könne nur Korruption im Spiele sein, mindestens Beziehungen. Woher bekommen Menschen ihre Anerkennung? Sie legen ihre Lebensleistung auf den Tisch und werden trotzdem nach unten gedrückt wie der Rauch von Kains Opfer.

In Politik und Gesellschaft stellt sich die Frage gleichermaßen: Wie kommen wir heraus aus demütigenden Vergleichen. Wie vermeiden wir das wachsende Gefühl, zu den Verlierern der Geschichte zu gehören. Das ist keine Frage nur von Armut und Reichtum. Das ist eine Frage wechselseitiger Anerkennung von Unterschiedlichkeit. In einer kleiner werdenden Welt ist dies eine Herausforderung gerade im Zusammenleben unterschiedlicher Kulturen, Religionen und Lebensstile. Und es bedarf einer besonderen Sensibilität der Großen und der Starken, nicht allein durch ihre Größe und Stärke und das damit verbundene Auftreten den Kleinen das Gefühl von Erniedrigung zu vermitteln. Das Sendungsbewusstsein derer allerdings, die an Amerika und seine Überlegenheit in allen Fragen glauben und die sich als Heilsbringer verstehen, führt uns zurück in die Zeit der Kreuzzüge. Amerika fehlt die bittere Erfahrung einer Zeit, in der bei uns der Glaube verbreitet wurde: »Am deutschen Wesen soll die Welt genesen.« Solche Art von Mission demütigt. Die Folge ist Gewalt. Mit der Arroganz der Macht ist der Gewalt der Gedemütigten nicht beizukommen. So lässt sich der »erste Krieg im 21. Jahrhundert« nicht gewinnen. Und wer auf Stellvertreterkriege ausweicht, beweist nur, dass er die Erfahrung fehlender Allmacht nicht aushalten kann. Niederlagen muss man aushalten können, sonst lauert die Sünde vor der Tür. Diese Urgeschichte müssen wir lernen, wenn der Schrecken ein Ende haben soll.

Nachtrag

Nachdem ich diesen Text geschrieben habe, ist der Krieg im Irak ausgebrochen, ein Angriffskrieg ohne Legitimation, ein Krieg, wie ihn viele im 21. Jahrhundert wohl nicht mehr für möglich gehalten haben. Ich habe mich gefragt, ob ich daraufhin nicht einige Passagen hätte noch deutlicher formulieren müssen. Denn mit welcher Arroganz da von Präsident Bush eine Nachkriegsordnung für den ganzen Nahen Osten entworfen wird, die fast alle Staaten dieser Region als Bedrohung ansehen müssen, erscheint mir ungeheuerlich. Wer dachte, dass die Zeit der Kreuzzüge vorbei ist, wird eines Besseren belehrt. Mit diesem Krieg geht es keineswegs nur um den Irak. Es geht um die Frage, ob in unserer kleiner werdenden Welt in Zukunft das Recht des Stärkeren oder die Stärke internationalen Rechts unser Zusammenleben bestimmen soll. Die amerikanische Gesellschaft hat gewiss große Leistungen hervorgebracht. Manches scheint auch mir vorbildhaft, wenn ich nur an den ausgeprägten Sinn für gegenseitige Hilfe in Not denke. Aber Hochmut kommt vor dem Fall, so steht es in den Sprüchen Salomo. Mit Krieg lässt sich auch das Gute nicht exportieren. Wieviel Blut soll noch die Erde tränken und zu Gott schreien? Die Gebote der Stunde sind Protest, Gebet und Nächstenliebe (die heute humanitäre Hilfe heißt). Das Gebot für die Zukunft kann nur heißen: Stärkt das internationale Recht, das auch noch denen, die gegen dieses Recht verstoßen, einen menschenwürdigen Platz in der Gemeinschaft zubilligt. Ohne eine starke UNO wird eine solche Rechtsordnung allerdings nicht zu haben sein.

Aufbruch und Fortschritt

I

Bevor ich die Geschichte erzähle, von der in diesem Kapitel die Rede sein soll, muss ich etwas von der Vorgeschichte erzählen, denn der neue Anfang, von dem hier zu berichten sein wird, ist ohne diese Vorgeschichte nicht in seiner ganzen Größe zu verstehen. Die Menschen, die Gott nach seinem Bilde geschaffen hat, sollen es gut haben. Gott wünscht sich nichts sehnlicher, als für seine Geschöpfe ein glückliches und erfülltes Leben. Und so schafft er ihnen ein Paradies. Das ist sein erster Versuch, seine Schöpfung als eine heile Welt zu gestalten: Adam und Eva im Paradies. Er hat ihnen die Verantwortung abgenommen, selbst über gut und böse zu entscheiden, hat selbst die Grenzen gesetzt: Von diesem Baum der Erkenntnis sollt ihr nicht essen. Aber die Menschen sind nicht zufrieden. Sie wollen mehr Freiheit. Sie wollen diese Grenzen überschreiten. Sie wollen selbst entscheiden, was gut und was böse ist. Das ist das Ende der paradiesischen Zeiten. Von nun an *müssen* sie es, müssen selbst entscheiden, was gut ist und was böse. Wir Menschen schlagen uns bis heute damit herum, fühlen uns überfordert, nicht nur bei Gentechnologie oder Sterbehilfe. Immer wieder überschreiten wir diese Grenze zwischen gut und böse und machen Gott den Vorwurf: Wie kannst du das zulassen. Es ist eben schwer, für die Folgen der eigenen Tat verantwortlich zu sein. Auch Gott bedrückt das, wenn er mit ansehen muss, wie das Böse immer wieder überhand nimmt. Und er unternimmt einen radikalen Versuch, das Böse aus der Welt zu schaffen.

Das ist die Geschichte von Noah und der Arche. Gott sammelt die Guten und beauftragt Noah, eine Arche für sie zu bauen. Die Bösen, die draußen bleiben, will er in einer Sintflut ersäufen (1. Mose 7). Aus heutiger Sicht ein ziemlich grausames Unterfangen. Aber wir sollten nicht zu voreilig urteilen. In dieser Geschichte zeigt sich Gott ziemlich menschlich. Sind wir nicht auch oft geneigt zu denken: Die Bösen alle einsperren, dann wird die Welt gut. Selbst in der Weltpolitik wird von der Achse des Bösen geredet, die man notfalls mit Waffengewalt ausmerzen müsse, damit die Welt besser wird. Bis in die Neuzeit hält sich dieser Gedanke. Wir finden ihn nicht nur bei den Stammeskriegen in Afrika. Wir finden ihn auch in der Verhängung von Todesstrafen wieder, die es ja selbst in dem zivilisierten Amerika gibt. Gott hat in dieser Geschichte von Noah versucht, das Böse auszurotten, indem er den einzigen guten Menschen, den Noah mit seiner Familie in eine Arche gesetzt hat und alles andere in einer Sintflut ersäuft. Das muss schrecklich gewesen sein. Jeder kann sich das vorstellen. Da reichen schon die Bilder von der »Jahrhundertflut« im Jahre 2002 im Osten Deutschlands. Gott lernt aus dieser Geschichte und verspricht es dem Noah: Das mache ich nie wieder: *Ich will hinfort nicht mehr schlagen alles, was lebt, wie ich getan habe (1. Mose 8,21).* Und er setzt als Zeichen für dieses Versprechen, als Erinnerungszeichen für sich selber und für die Menschen den Regenbogen in den Himmel. Das ist für mich das Aufregendste an dieser Geschichte: Der Regenbogen als Erinnerungszeichen nicht nur für die Menschen, sondern auch als Erinnerungszeichen für Gott selbst. Er sagt: *Darum soll mein Bogen in den Wolken sein, dass ich ihn ansehe und gedenke an den ewigen Bund zwischen Gott und allem lebendigen Getier unter allem Fleisch, das auf Erden ist (1. Mose 9, 16).* Der Regenbogen als der Knoten in Gottes Taschentuch. Wenn er wieder mal das Heulen kriegt über das viele Böse, was die Menschen auf der Erde tun – und Anlass bieten wir dazu genug – , dann soll ihn dieser Knoten im Taschentuch daran erinnern, dass es nicht hilft, die Bösen einfach alle umzubringen. Es muss einen anderen Weg geben.

Die Menschen selbst machen übrigens noch einmal einen Versuch, in die ganze Sache Ordnung zu bringen. Es ist der Versuch, mit einer zentralen Regie Ordnung und

Frieden in die Gesellschaft zu bringen. Die Urgeschichte dazu ist die vom Turmbau zu Babel. Alle haben einen Orientierungspunkt, den Turm, der bis an den Himmel reicht. Wenn wir ihn bauen, so sagen sich die Menschen, wenn alle mit einer Zunge reden, dann wird es klappen. Auch diese Versuchung, die Probleme durch einheitliche Regelungen, durch *eine* Sprache in den Griff zu bekommen, diesen Zentralismus kennen wir bis heute. Gott sagt: So geht das nicht. Ihr müsst schon lernen, euch in all eurer Unterschiedlichkeit zu verständigen. Nicht zentrale Vorgaben von oben, sondern die Verständigung der bunten Vielfalt der Menschen, der Dialog der unterschiedlichen Erfahrungen und Interessen hilft, den richtigen Weg zu finden.

Die Geschichte, von der hier zu erzählen ist, ist die Geschichte von einem Neuanfang ganz anderer Art. Und ich habe diese Vorgeschichten, diese Urgeschichten erzählt, weil erst dadurch deutlich wird: Es handelt sich nicht nur um einen Neuanfang für den Urvater Abraham. Es handelt sich bei dieser Geschichte um eine Urgeschichte für die Art, wie Gott mit den Menschen seit dieser Zeit umzugehen gedenkt. Er gibt ihrem Leben, er gibt unserem Leben ein Ziel, das verheißene Land, und er gibt uns das Versprechen, uns auf diesem Weg zu begleiten. Der Neuanfang des Abraham ist auch ein Neuanfang der Geschichte Gottes mit den Menschen. Der Weg ist kein Zuckerschlecken. Aber bevor wir darüber reden, muss erst einmal der Anfang der Geschichte erzählt werden.

II

Es ist die Geschichte vom Urvater Abraham, auf den sich ja keineswegs nur die Juden und die Christen berufen, sondern auch die arabischen Stämme und damit die Muslime, die über die Söhne Esaus mit ihm verbunden sind. Um einen Urvater geht es also. Und damit geht es an die Wurzel unserer eigenen Geschichte.

Und der Herr sprach zu Abraham: Geh aus deinem Vaterland und von deiner Verwandtschaft und aus deines Vaters Haus in ein Land, das ich dir zeigen will. Und ich will dich zum großen Volk machen und will dich segnen und dir einen großen Namen machen, und du sollst ein Segen sein. Ich will segnen, die dich segnen, und verfluchen, die dich verfluchen; und in dir sollen gesegnet werden alle Geschlechter auf Erden. Da zog Abraham aus, wie der Herr zu ihm gesagt hatte. (1. Mose 12, 1-4a)

So einfach ist das, könnte man denken, wenn man auf Gottes Stimme hört und seinem Auftrag folgt. Da verlässt sich einer ganz auf Gott, findet den Mut, alles Vertraute zu verlassen. Das Ergebnis: Das Ganze wird eine segensreiche Angelegenheit, eine segensreiche Geschichte nicht nur für Abraham, sondern für alle, die mit ihm auf dem Wege sind. Es wird eine segensreiche Geschichte für alle, die mit Sympathie in die Nähe dieses von Gott gesegneten Mannes kommen, eintreten in den Raum, den Gott dem Abraham eröffnet hat. Das Hören auf den Ruf von oben als Weg in ein gesegnetes Leben. Diese einfache Botschaft hat Generationen von Menschen gestärkt und ermutigt, auf Gottes Stimme zu hören und unbekannte Wege zu gehen. Ist das nicht ein bisschen zu schön, zu einfach? Mich erinnert das fast an jene Filme, bei denen ich vorher frage: Geht der auch wirklich gut aus? Sonst ist er mir zu aufregend: Happy end garantiert. Da verlässt sich jemand ganz auf Gott. Und mit Gottes Segen kann es nur gut gehen. Nein, so einfach ist es nicht. Wenn man sich die Geschichte weiter und genauer ansieht, dann stellt sich heraus: Dieser Teil des Textes ist eigentlich nur die Überschrift oder das vielleicht etwas geschönte *summary*. Die ganze Geschichte ist viel komplizierter, spannender, also keine Soap-Opera sondern harte Lebensrealität.

Da zog Abraham aus, wie der Herr zu ihm gesagt hatte, und Lot zog mit ihm. Abraham aber war fünfundsiebzig Jahre alt, als er aus Haran zog. So nahm Abraham Sarah, seine Frau, und Lot, seines Bruders Sohn, mit al-

ler ihrer Habe, die sie gewonnen hatten, und die Leute, die sie erworben hatten in Haran. (1. Mose 12, 4b-5a)

Die erste Überraschung: Es ist gar keine Urvater-Geschichte. Es ist eine Ureltern-Geschichte, eine Familiengeschichte. Die Frau des Abraham, auch wenn sie nicht zu Worte kommt, spielt in der Geschichte eine zentrale Rolle. Das ist durchaus bemerkenswert, wird doch die Geschichte, nachdem sie lange weitererzählt worden ist, aufgeschrieben in einer von Männern geprägten Welt. Sie wird aufgeschrieben in einer Zeit, in der das inzwischen groß gewordene Volk Israel in babylonischer Gefangenschaft um die eigene Identität ringt und sich fragt, worauf das alles hinauslaufen soll und welchen Sinn die Geschichte eigentlich noch hat.

Bei der Suche nach dem Sinn des Lebens, nach den Wurzeln der eigenen Identität wird die Familiengeschichte des eigenen Volkes erzählt. Das finde ich schön. Das finde ich wichtig. Und offenbar entspringt es einem Urverlangen der Menschen in Zeiten der Verunsicherung, sich zu vergewissern: Woher komme ich? Wohin geht die Reise eigentlich? Fragen, denen wir nicht ausweichen können auf der Suche nach uns selbst und nach dem Sinn des Lebens. Woher und wohin sind wir unterwegs, das sind die Fragen, die wir uns stellen, die wir uns stellen müssen, wenn wir – aus welchen Gründen auch immer – nicht mehr wissen, was vorne und was hinten ist.

Ich habe gestaunt, wie nach unserem Neuanfang 1990 im Osten Deutschlands die Menschen in vielen Orten ihre Dorf- und Stadtgeschichte, die lange Zeit verschüttet war, wieder ausgegraben und aufgeschrieben haben. Das vermittelt Heimatgefühl und Geborgenheit, aus denen Mut für die Zukunft und neues Selbstbewusstsein erwachsen. Das Erinnern der eigenen Geschichte ist eine Widerstandsbewegung gegen die vielen Traditionsabbrüche, die wir in unserer sich rasant verändernden Welt erleben und erleiden müssen. Und die Zeiten großer Veränderungen sind ja nicht vorbei mit der so genannten Wende 1989/90. Inzwischen merken wir, dass diese

»Wende« wohl nur Vorbote noch größerer Veränderungen gewesen ist. Wenn mich nicht alles täuscht, stehen uns in den Zeiten der Globalisierung, in denen wir begreifen müssen, dass praktisch jeder Mensch auf diesem Globus unser Nachbar ist, noch viele Aufbrüche bevor. Es lohnt also, diese Aufbruch-Geschichte zu lesen auch unter dem Gesichtspunkt: Was können wir für die notwendigen Aufbrüche heute daraus lernen.

Freilich: Wer Lebensgeschichten erzählt, betreibt viel mehr als die historische Aufarbeitung von Geschichte. Es geht nicht um Historie, es geht um Lebens- und damit um Sinnzusammenhänge. Es geht darum, Erfahrung weiterzugeben. In einer so weitgehend säkularisierten Welt wie der unseren, tritt die Beschäftigung mit Lebensgeschichte und traditionellem Brauchtum oft an die Stelle, an der vor Zeiten noch die Religion ihren Platz hatte. Lebensgeschichten als Religionsersatz? Wenn ich den Eifer mancher Ahnenforscher erlebe, dann kann man fast auf den Gedanken kommen. Wer allerdings das Alte Testament liest, stellt fest, dass die Beschäftigung mit der eigenen Geschichte und die Religion des Volkes Israel auch untrennbar miteinander verbunden sind. Aber der Bibel geht es eben nicht nur um Familiengeschichte. Es geht immer auch um die Geschichte der Menschen mit ihrem Gott. Diese Erkenntnis, dass in Lebenserfahrung und damit in Lebensgeschichten immer auch ein Stück Erfahrung von Menschen mit Gott steckt, diese Erkenntnis ist eine Hilfe, den Schatz der Bibel heute, in einer säkularisierten Welt auch für viele wiederzuentdecken, die Schwierigkeiten mit dem traditionellen Glauben haben.

Das ist mein Wunsch für alle, die nicht so einfach sagen können: Ich glaube an Gott. Diese Erkenntnis könnte eine Hilfe sein für Menschen, die bereits stolpern, wenn da steht: Da erschien der Herr dem Abraham. Ich sage ihnen: Stört euch daran nicht. Hier ist Jahrtausende alte Menschheitserfahrung, zunächst von Generation zu Generation weitererzählt und, immer mit der eigenen Geschichte verknüpft, schließlich aufgeschrieben worden.

Wer wollte diesen Schatz wegwerfen, wer ihn als unbeachtlich beiseite lassen. Wenn diejenigen, die an Gott glauben, diesen Erfahrungsschatz auch begreifen als Schatz der Erfahrung von Menschen mit ihrem Gott, dann wird er für sie an Kraft gewinnen, für die anderen aber noch lange nicht wertlos sein. In diesem Geist jedenfalls haben die Israeliten ihre Familiengeschichten erzählt. Geschichte in Geschichten. Immer auf der Suche nach den Wegen in das verheißene Land, Gott auf der Spur, der sich offenbar nicht entmutigen lässt, die Menschen, die Krone seiner Schöpfung, auf diesem Weg zu begleiten.

Was also macht Gott mit den Menschen, nachdem er erleben musste, dass sie das paradiesische Leben verspielen und sich auch die Guten und die Bösen auf dieser Welt nicht einfach voneinander trennen lassen? Er ruft zum Aufbruch. Immer, wenn wir uns in der unvollkommenen Welt, wie sie nun einmal ist, einrichten wollen, immer wenn wir uns mit den ungerechten Verhältnissen abfinden wollen, dann setzt er uns ein neues Ziel, provoziert uns erneut zum Aufbruch. *Geh aus deinem Vaterland und aus deines Vaters Haus in ein Land, das ich dir zeigen will.* Man könnte auch sagen: Gottes Schlussfolgerung im Kampf gegen das Böse ist: Die Menschen brauchen Ermutigung, sie brauchen ein Ziel und sie brauchen die Gewissheit, dass sie auf diesem Wege nicht allein sind. Das ist die Urgeschichte der Erfahrung der Menschen mit ihrem Gott. Wir leben nie schon im Land der Verheißung. Aber wir haben auch keinen Grund, uns in den Verhältnissen, wie sie nun einmal sind, einzurichten. Das gilt für die gesellschaftlichen Verhältnisse ebenso wie für die persönlichen, für die globale Welt genauso wie für die privaten Nischen. Er hat mehr für uns bereit als den Status quo: ein Land, das er uns zeigen will. Die Geschichte ist offen, hin zu mehr Freiheit und Gerechtigkeit.

»Hin zu mehr Freiheit und Gerechtigkeit?«, werden Sie jetzt vielleicht kritisch fragen. Entstehen nicht immer mehr Abhängigkeiten, die Ungerechtigkeit schaffen? Werden die Gefährdungen nicht immer schlimmer? Steht nicht Abraham am Schluss der Geschichte schlechter da als vorher? Laufen wir nicht auch heute nur mit immer größerem Tempo in eine Sackgasse, aus der es keinen Rückweg mehr gibt? Führt nicht beispielsweise die Art des Wettbewerbs, den wir auf unserem Globus organisieren, die Art des Wettbewerbs, in dem allem Ökonomischen die Priorität eingeräumt wird, zur Zerstörung der Schöpfung und zum Verlust des Menschlichen? Das sind hoch politische Fragen, die sich zu Beginn des neuen Jahrhunderts in bisher nicht gekannter Schärfe stellen. Ernst Lange hat einmal gesagt: »Die Jahrmarktswelt der Marktwirtschaft gaukelt uns vor, es gäbe kein erstrebenswertes Ziel mehr jenseits der privaten Angleichung an die Standards.« Die Abraham-Geschichte sagt: Gott ermutigt uns, damit wir uns nicht an solche Standards anpassen, sondern sein neues, erstrebenswertes Ziel in den Blick nehmen und dahin aufbrechen.

Eigentlich steckt dieser Prozess des Aufbruchs in dem Wort fort-schreiten. So gesehen ist die Geschichte des Aufbruchs von Abraham eine Geschichte der Überwindung des Bösen durch Fort-Schritt. Was aber wäre wirklicher Fortschritt? Wir haben uns daran gewöhnt, den Fortschritt in unseren Gesellschaften zu messen in Wachstumsraten des Bruttosozialproduktes. Wie absurd das ist, kann sich jeder überlegen, wenn er bedenkt, dass der Verbrauch von mehr Autos bessere Wachstumszahlen ergibt, jeder Unfall zur Steigerung des Bruttosozialproduktes beiträgt. Und mehr Wachstum haben wir auch, wenn die Pflege von alten Menschen nicht in der Familie, sondern in bezahlten Heimplätzen passiert. Dann erscheint die gezahlte Summe im Volumen der erbrachten Dienstleistungen. Nein, so kann man Fortschritt nicht messen. Der Nobelpreisträger für Ökonomie, Amartya Sen, hat uns als überzeugter Marktwirtschaftler eine Lehre ins Stammbuch geschrieben, die mir, seit ich sie gelesen habe, nachgeht, und die mit unserem Text durchaus etwas zu tun hat: Wirtschaftliche Entwicklung bedeutet im Kern wachsende Freiheit der Menschen. Nicht die

Freiheit von irgendetwas, die Freiheit im leeren Raum, sondern Freiheit zu erfüllter Lebensgestaltung. Auch wirtschaftlicher Entwicklung muss es also darum gehen, die Verwirklichungschancen der Menschen zu vergrößern. Das also wäre die Testfrage bei all unseren Bemühungen um Fortschritt: Vergrößert er die Chancen der Menschen, so zu leben, dass Gott seine Freude daran hätte? Die Gegenfrage lautet: Was nimmt uns gefangen und hindert uns, solche Chancen zu mehren und zu nutzen?

Abraham war 75 Jahre alt, als er auszog aus Haran. Altes Eisen. Der hat sein Leben hinter sich, würden wir heute sagen. Schließlich bekommt ja bei uns heute schon ein arbeitsloser 55-jähriger keine Verwirklichungschancen mehr in der Arbeitswelt. Der Ruf Gottes ist ein Ruf zum Aufbruch aus dem Zustand scheinbarer Chancenlosigkeit, ein Aufbruch aus der Gewohnheit der Tage, die wir ohne Hoffnung und Freude verstreichen lassen. Er ist die Ermutigung, neue Möglichkeiten des Lebens zu entdecken und diese Chancen wahrzunehmen. Das ist die Richtung, in die Gott uns bewegen will. Und er weiß, was dazu nötig ist: Ein Ziel, eine Vision, eine Verheißung. In dieser Geschichte geht der Ruf an Abraham, 75 Jahre alt. Chancenlos! Der nicht mehr, sagen wir. Gott sagt: Probier es doch! Mach dich auf! Ich habe noch gute Überraschungen für dich bereit.

Ich kann nur davon träumen, wie sich unsere Welt verändern würde, wenn wir unsere Mitmenschen so ermutigend ansprechen könnten. Etwas von solcher Aufbruchstimmung haben die Menschen im Osten Deutschlands und unsere östlichen Nachbarn erlebt in jenem Herbst 1989, als sich plötzlich Türen öffneten, die zuvor fest verschlossen waren. Und viele, gerade junge Leute haben in den ersten Jahren die neuen Verwirklichungschancen deutlich gespürt. Reisen können, im Ausland studieren. Die Erweiterung des Horizontes war etwas Wunderbares. Die Visionen freilich von einer selbst verantwortlich gestalteten Zukunft hatten, wie sich bald herausstellte, nur wenige. Zu viele riefen im Herbst 1989 schon nach der

D-Mark. Viele glaubten dem Versprechen von den »blühenden Landschaften«, die es bald im Osten geben sollte. So haben wir frühzeitig erlebt, wie schnell neue Gefangenschaften über uns hereinbrechen. Reicher sein bedeutet eben noch nicht glücklicher sein. Die Bundesrepublik Deutschland ist nicht das Gelobte Land. Und der Kapitalismus mit seinen Fesseln hatte auch uns bald fest im Griff. Marken eroberten unsere Welt. Wer sie nicht trägt, ist out. Anpassung an die neuen (Lebens-?) Standards wird zur Überlebensstrategie. Aber bald spüren viele: Arbeitslosigkeit kann mehr drücken als fehlende Meinungsfreiheit in der Öffentlichkeit. Aufbruch ist nicht schon Ankunft im Gelobten Land.

Die Bibel ist voll von solchen Geschichten der Befreiung und der Schwierigkeiten im Umgang mit der Freiheit. In der Familiengeschichte des Abraham ist es der Auszug aus dem Vaterland, weg von der Verwandtschaft und dem Vaterhaus. In der Geschichte des Volkes Israel ist es die immer wieder erinnerte Geschichte vom Auszug aus Ägypten. Grundmuster des Lebens der Urväter und Urmütter ist der Auszug, der Auszug aus dem Gewohnten, der Auszug aus der Gefangenschaft, der Aufbruch als eine Widerstandsbewegung gegen die Anpassung. Wo dies gelingt, erleben wir: Gott gibt uns neue, schöne Möglichkeiten, an die wir vorher nicht gedacht, die wir uns vorher vielleicht nicht geträumt hätten. Aber der einmalige Aufbruch ist noch nicht das Ende der Geschichte.

Abraham hat den Mut, das Gottvertrauen. Er bricht auf. Er überschreitet die Grenzen des Traditionellen, des Vertrauten, des Gewohnten, des Status quo. Er bricht auf aus einer Welt, die unser Text mit Vaterland, Verwandtschaft und Vaterhaus beschreibt. Und auf den ersten Blick sieht die nun folgende Wanderung wie ein zielloses Umherirren aus.

Und sie zogen aus, um ins Land Kanaan zu reisen. Und sie kamen in das Land, und Abraham durchzog das Land bis an die Stätte bei Sichem, bis zur Eiche More; es wohnten aber zu der Zeit die Kanaaniter im Lande. Da erschien der Herr dem Abraham und sprach: Deinen Nachkommen will ich dieses Land geben. Und er baute dort einen Altar dem Herrn, der ihm erschienen war. Danach brach er von dort auf ins Gebirge östlich der Stadt Bethel und schlug seine Zelte auf, so dass er Bethel im Westen und Ai im Osten hatte, und baute dort dem Herrn einen Altar und rief den Namen des Herrn an. Danach zog er weiter ins Südland. (1. Mose 12, 5b-9)

Ja, das hört sich zunächst sehr nach Herumirren an. Abraham auf der Suche. Und so mag das wohl auch gewesen sein. Also lernen wir zunächst: Wer Visionen hat, ja selbst wer ein Ziel vor Augen hat, dem bleibt die Suche nach dem Weg nicht erspart. Wer alles gleich hier und heute haben will, ist für die Wanderung ins Gelobte Land nicht geeignet. Die Mühen des Weges bleiben uns nicht erspart. Als zweites fällt auf: Abraham begegnet Gott auf dem Weg. Er spürt, dass Gott mit ihm unterwegs ist. Gott lässt sich für ihn hören. Er erinnert an seine Verheißung. Durch die Begleitung des Herrn ist die Wanderung des Abraham kein zielloses Umherirren. Abraham baut Altäre auf dem Weg. Das erinnert mich an das von Menschengeschlecht zu Menschengeschlecht weitergegebene Verlangen der Menschen, Spuren auf dieser Erde zu hinterlassen, nicht eines Tages spurlos von dieser Erde verschwinden zu müssen. Jedes in einen Stein oder den Balken einer Aussichtsplattform geritzte Zeichen ist ein Ausdruck dieses Verlangens. Die Großen hinterlassen Dome und Burgen. Die Frage ist: Wem geben sie, wem geben wir die Ehre? Ist dieses Erinnerungszeichen ein Element im unausrottbaren Wettbewerb der Eitelkeiten oder ist es ein Erinnerungszeichen an eine Geschichte, aus der wir lernen können und lernen sollen. Abraham gibt Gott die Ehre. Er baut, so heißt es, seinen Altar dem Herrn.

Das dritte Bemerkenswerte: Aufgezählt werden ganz konkrete Orte, die später die Pilgerorte für die Israeliten sind. Es sind Orte, an denen Menschen sich der eigenen Geschichte erinnern und aus diesem Abstand der Geschichte heraus Orientierung gewinnen für den Weg, der vor ihnen liegt. Wir brauchen solche Orte des Erinnerns. Achten wir in einer Zeit der vielfältigen Traditionsabbrüche diese Orte, an denen sich Erinnerung festmachen kann. Ich denke dabei keineswegs nur an historische Bauwerke. Mir fällt ein Pfingstmontag ein. Wir gingen auf unwegsamem Gelände in einem Wald unweit von Dresden, in dem in den Zeiten des Kalten Krieges atomare Kurzstreckenraketen stationiert waren. Hunderte sind bei Regen durch den Matsch an diesen unwirtlichen Ort gekommen, um sich zu erinnern und für den Frieden zu beten. Ein bisschen verrückt, meinen manche. Aber wir brauchen solche Orte der Erinnerung. Es sind nicht nur die Kathedralen. Für Abraham sind es Orte, an denen er sagen kann: Gott, ich danke dir, ich lebe und hoffe immer noch. Haben Sie in Ihrem Leben auch solche Orte? Ohne sie wird die Lebenswanderung schnell zu einem Umherirren in der Wüste.

Damit nicht genug, selbst lebensbedrohliche Situationen bleiben Abraham und seiner Familie nicht erspart. Eine Hungersnot treibt ihn nach Ägypten.

Es kam aber eine Hungersnot in das Land. Da zog Abraham hinab nach Ägypten, dass er sich dort als Fremdling aufhielte; denn der Hunger war groß im Lande. Und als er nahe an Ägypten war, sprach er zu Sarah, seiner Frau: Siehe, ich weiß, dass du ein schönes Weib bist. Wenn dich nun die Ägypter sehen, so werden sie sagen: Das ist seine Frau, und werden mich umbringen und dich leben lassen. So sage doch, du seist meine Schwester, auf dass mir's wohlgehe um deinetwillen und ich am Leben bleibe um deinetwillen. Als nun Abraham nach Ägypten kam, sahen die Ägypter, dass seine Frau sehr schön war. Und die Großen des Pharao sahen sie und priesen sie vor ihm. Da wurde sie in das Haus des Pharao gebracht. Und er tat Abraham Gutes um ihretwillen; und er bekam Schafe, Rinder, Esel, Knechte und Mägde, Eselinnen und Kamele. (1. Mose 12, 10-16)

Offenbar ist Abraham nicht bange, dass er in Ägypten als Fremdling Aufnahme findet. Das wäre bei unserem heutigen Asylrecht schwierig. Da müsste er sich vermutlich den Vorwurf des Wirtschaftsflüchtlings und Sozialschmarotzers anhören. Darum muss sich Abraham offenbar noch keine Gedanken machen. Aber je näher er kommt, desto größer wird seine Angst. Das Problem ist die Schönheit seiner Frau. *Wenn dich nun die Ägypter sehen, so werden sie sagen: Das ist seine Frau, und werden mich umbringen und dich leben lassen.* Das Vorurteil über die Ägypter, über den Pharao macht dem Abraham Angst. Nicht Fakten, nicht die Kenntnis über die Verhältnisse in Ägypten, nein das eigene Vorurteil macht Angst.

Mich erinnert das an die schöne Hammer-Geschichte von Paul Watzlawick: »Ein Mann will ein Bild aufhängen. Den Nagel hat er, aber nicht den Hammer. Der Nachbar hat einen. Also beschließt unser Mann, hinüberzugehen und ihn auszuborgen. Doch da kommt ihm ein Zweifel: Was, wenn der Nachbar mir den Hammer nicht leihen will? Gestern schon grüßte er mich nur so flüchtig. Vielleicht war er in Eile. Aber vielleicht war die Eile nur vorgeschützt, und er hat etwas gegen mich. Und was? Ich habe ihm nichts angetan; er bildet sich da etwas ein. Wenn jemand von mir ein Werkzeug borgen würde, ich gäbe es ihm sofort. Und warum er nicht? Wie kann man einem Mitmenschen einen so einfachen Gefallen abschlagen? Leute wie dieser Kerl vergiften einem das Leben. Und dann bildet er sich noch ein, ich sei auf ihn angewiesen. Bloß weil er einen Hammer hat. Jetzt reicht's mir wirklich. – Und so stürmt er hinüber, läutet, der Nachbar öffnet, doch noch bevor er ›Guten Tag‹ sagen kann, schreit ihn unser Mann an: ›Behalten Sie sich Ihren Hammer, Sie Rüpel!‹«

Unsere eigenen Phantasien und Vorurteile sind es, die uns Angst machen. Das Unbekannte erscheint uns als das Bedrohliche. Unzählige Alltagsgeschichten ließen sich dazu erzählen. Und die Angst fordert Opfer. So auch bei Abraham. Er mag gute Gründe gehabt haben, sein Leben zu bewahren. Schließlich war er ausgezogen mit der Verheißung, dass seine Nachkommen ein großes Volk werden. Noch haben die beiden aber keine Kinder. Da muss er schon etwas tun, damit Gottes Verheißung wahr werden kann. Abrahams Problem ist sein mangelndes Gottvertrauen in einer schwierigen Situation. So wird seine Frau zum stummen Opfer seiner eigenmächtigen Rettungsaktion. Und ganz ehrlich ist er wohl auch nicht, wenn er so tut, als würde er alles um ihretwillen tun. Sie fügt sich stumm, und wieder merken wir: Angst ist ein schlechter Ratgeber. Und so muss Gott eine weitere Befreiungsaktion starten.

Aber der Herr plagte den Pharao mit Plagen um Sarahs, Abrahams Frau, willen. Da rief der Pharao Abraham zu sich und sprach zu ihm: Warum hast du mir das angetan? Warum sagst du nicht, dass sie deine Frau ist? Warum sprachst du denn: Sie ist meine Schwester, so dass ich sie mir zur Frau nahm? Und nun siehe, da hast du deine Frau; nimm sie und zieh hin. Und der Pharao bestellte Leute um seinetwillen, dass sie ihn geleiteten und seine Frau und alles, was er hatte. (1. Mose 12, 17-20)

Die Plagen, die der Pharao erleiden muss, erinnern an die Plagen, mit denen Gott später die Freigabe des Volkes Israel aus Ägypten erzwingt. Und wenn man bedenkt, dass diese Geschichte viel später aufgeschrieben ist, dann sind diese Parallelen wohl durchaus beabsichtigt. Die Familiengeschichte ist der Vorläufer der Geschichte des ganzen Volkes. Auffällig ist allerdings der Unterschied. Abraham muss zwar das Land verlassen, ist aber gut ausgestattet mit all seiner Habe, offenbar auch der, die er zuvor vom Pharao bekommen hat. Sein Vorurteil vom bösen Pharao war also, wie die meisten Vorurteile, die wir pflegen, falsch. Die Angst war unberechtigt. Seine Angstreaktion hätte wohl eher Gottes Heilsplan gefährdet, statt, wie Abraham vielleicht angenommen hat, ihn gerettet.

Wieder einmal erweisen sich in dieser Geschichte zwei Eigenschaften Gottes, die ich außerordentlich tröstlich finde. Gott macht sich zum Anwalt der Stummen, der Opfer. Da ist auf ihn Verlass. Die Frau, die im Text gar nicht zu Worte kommt, um ihre Meinung nicht gefragt wird, offenbar gar keine Chançe hat, sich zu wehren, der schafft Gott in seiner Art sogar beim Pharao Gehör. Beschämend Abrahams Kleinglauben. Das versteht auch der Pharao nicht: *Warum hast du mir das angetan? Warum sagst du mir nicht, dass sie deine Frau ist.* Abraham, die große Vaterfigur des Volkes Israel ein Betrüger. Peinlich. Passt solch ein Typ noch in den Heilsplan Gottes für sein Volk?

Das ist das zweite Bewundernswerte am Verhalten Gottes in dieser Geschichte. Er gibt dem Gestrauchelten eine neue Chance. Er hält an dem Menschen fest, selbst wenn der einen Fehler gemacht hat. Unser Gott ist ein fehlerfreundlicher, ein Fehler verzeihender Gott. Das zieht sich durch die Bibel wie ein roter Faden. Das ist so bei Kain und Abel, ebenso bei Esau und Jakob. Immer setzt Gott seine Geschichte mit dem Partner fort, der gestrauchelt war. Und selbst der große König David lässt wegen einer Frau einen Mann umbringen. Manchmal hat man den Eindruck, Gott hat geradezu eine Vorliebe für Menschen, die nicht perfekt sind. Bei Petrus und Paulus im Neuen Testament ist das nicht viel anders. Das ist tröstlich, denn ich vermute, wenn Sie in sich gehen, werden Sie auch feststellen: Das hätte mir auch passieren können, solche Angstreaktion, Betrug mit guter Absicht getarnt, um das eigene Leben notfalls auf Kosten anderer zu retten. Wenn nicht so, dann doch anders. Jedenfalls keinesfalls perfekt. So gesehen haben wir gute Chancen, von Gott geliebt zu werden.

Was dann passiert, erinnert an den Schluss aller Urgeschichten, die in den Kapiteln davor erzählt werden, sei es nun die vom Sündenfall, vom Brudermord bei Kain und Abel, beim Turmbau zu Babel oder der Sintflut: Es folgt die Strafe, die im Grunde ja nichts anderes ist als die Konsequenz des eigenen Tuns. Aber es gibt auch eine Bewahrung, die Chance zum neuen Anfang. Abraham muss wieder aufbrechen, ist aber ausgestattet mit all dem, was er zum Weiterleben braucht. Also doch eine Geschichte mit happy end? Nein, eine Geschichte ohne Ende. Denn die Menschheitsgeschichte ist eine Geschichte von immer wieder neuen Aufbrüchen aus Vertrautem. Solche Aufbrüche brauchen beides, die Verheißung des Zukünftigen und die Gewissheit, auf diesem Weg nicht plötzlich allein und ohne Hilfe dazustehen. Abraham hat diese Zusage Gottes »ich will dich segnen« vielleicht nach den Gefahren, die er durchlebt und durchgestanden hat, gespürt. Gott war sein treuer Begleiter. Aber wo erleben wir Verheißung und Segen heute, diese beiden Elemente, die zum Aufbruch ermutigen?

III

Die Zeit des Aufbruchs ist heute. Eigentlich wissen wir es. Alle reden davon. Nun ist es schon wieder einige Jahre her, seit Bundespräsident Herzog davon gesprochen hat, dass ein Ruck durch Deutschland gehen muss. Natürlich war damit ein solcher Aufbruch gemeint. Allein, es bewegte sich nicht viel, jedenfalls nichts Grundsätzliches. Was fehlt? Fehlt der Mut? Ist die Angst vor den Veränderungen zu groß? Bei den Menschen im Osten habe ich manchmal das Gefühl, sie sind an den Grenzen dessen angekommen, was man an Veränderungen im Laufe eines Lebens verkraften kann. Sie sehnen sich einfach nach Ruhe, wollen sich endlich im Erreichten einrichten, auch wenn sich längst nicht alle Träume erfüllt haben. Aber das Festhalten am Gewohnten geht ja weit darüber hinaus, scheint nicht einmal nur die Menschen in Deutschland erfasst zu haben. Was fehlt uns? Ich glaube, es fehlt uns an beidem, an Verheißung, an anziehenden und neue Kraft freisetzenden Visionen ebenso wie an Segen, dieser Gewissheit von treuer Begleitung, oder, wie es heute in einem politischen Slogan heißt, an Sicherheit im Wandel. Warum wohl?

Allein wenn ich mir die Vertreibungsgeschichte von Abraham aus Ägypten ansehe, dann stelle ich fest: Da kennen wir aus unserer Zeit ganz andere Auszugsgeschichten, Geschichten von Flucht und Vertreibung. Auf dem Balkan waren solche Geschichten in den letzten Jahren die Vorboten von Kriegen. Die Angst vor ethnischen Säuberungen vertrieb die Menschen aus ihrer Heimat, hat sie herausgerissen aus den Lebenszusammenhängen, in denen sie vorher mehr oder weniger friedlich miteinander gelebt hatten. Hungersnöte treiben noch heute in Afrika Menschen auf die Flucht. Von Segen auf dem Weg ist da nicht viel zu spüren. Solche Geschichten machen auch in der scheinbar sicheren Nische Angst.

Aber auch mitten unter uns ereignen sich täglich solche Vertreibungsgeschichten. »Verpiss dich«, hört der junge Mann, der bisher ganz selbstverständlich zu der Gruppe gehörte, die sich allabendlich an der Ecke traf. Wer weiß schon, was die anderen von ihm gehört hatten. Manchmal reicht es ja schon, wenn man sich nicht ganz gruppenkonform verhalten und damit verdächtig gemacht hat. Er trottet davon. Man weiß ja nie, was passiert, wenn man auf solchen Befehl nicht hört. »Haut ab, sonst schlagen wir euch tot«, hören die alten Frauen, die mit ihren kleinen Enkelkindern irgendwo auf dieser Erde als Flüchtlinge unterwegs sind. »Verschwindet, bevor wir es uns noch einmal anders überlegen«, hören die jungen Frauen, die schon seit Wochen unterwegs sind und in der letzten Zeit Nacht für Nacht vergewaltigt wurden. Oder da ist der Mosambikaner, der schon lange in Deutschland lebt und plötzlich das amtliche Schreiben in der Hand hält, dass seine Aufenthaltsgenehmigung abgelaufen ist und dass er bis Ende des Monats das Land zu verlassen hat. Wer der Aufforderung nicht folgt, erlebt die ganze Härte des Gesetzes. Abschiebehaft. Abschiebung. Gegen die heutige Praxis nimmt sich das, was Abraham widerfährt, außerordentlich menschlich aus. Er darf behalten, was ihm geschenkt wurde, zieht mit Begleitschutz und all dem, was er zur weiteren Gestaltung seines Lebens braucht, wieder aus Ägypten. Uns fehlen solche Erfahrungen von Bewahrung. Das macht Angst.

Aber auch im ganz persönlichen, zwischenmenschlichen Bereich fehlen uns allzu oft Erfahrungen von treuer Begleitung. Viel zu oft haben Menschen das Gefühl, ganz allein dazustehen. Dabei könnten und sollen wir durch treue Begleiter Gottes Segen in unserem Alltag erfahren. Jemand, der mitgeht auf einem schweren Weg. Ein Freund, den man jederzeit um Rat fragen kann. Manchmal sind es einfach nur Gesten, die diese Erfahrung vermitteln. Segensgesten. Sie können so vielfältig sein. Die meisten denken dabei nur an die zum Segen erhobenen Hände. Für den persönlich zugesprochenen Segen kennen wir das Zeichen des Handauflegens. Ich finde, es fasst so viel zusammen: Das Über-den-Kopf-streichen als ein Zeichen der Liebe und des Trostes. Es sagt mehr als viele Worte, wenn die Trauer des Abschieds uns erfasst oder Schmerzen uns quälen. Die aufgelegte Hand als die schützende Hand, Schutz vor Gefahren und Gewalt. Sie schafft einen Raum der Geborgenheit. Und manchmal verwandelt sie sich auch in die Hand, die auf die Schulter klopft. Das ermutigt und vermittelt das Gefühl: Du bist stark genug, auch mal einen kräftigen Schlag auszuhalten. Das alles ist Segen, der Mut machen kann. Vielleicht haben wir den Mut zum Aufbruch im Großen auch nicht, weil wir den Segen im Kleinen nicht so reichlich verschenken.

Was uns fehlt, sind Visionen, anziehende, mobilisierende Vorstellungen von einer Welt, wie sie sein sollte. Es wird oft über die verloren gegangenen Werte geredet. Daran glaube ich nicht so recht. Wir wissen sehr wohl um den Wert von Frieden und Freiheit, von Gerechtigkeit und Solidarität. Verloren gegangen sind uns die Visionen von einer Welt, in der diese Werte wirklich Geltung haben.

Warum geht kein Ruck durch Deutschland trotz beschwörender Reden? Wir ahnen doch längst alle, dass wir uns in dem Altgewohnten nicht einrichten können. Der Aufbruch ist doch schon in aller Munde. Und wer sich die Veränderungen ansieht, die unsere Welt prägen, der kommt leicht zu dem Schluss, dass die Vertreibung aus dem Land, in dem wir uns eingerichtet hatten, längst im

Gange ist. Wenn Sie es einmal ganz umgangssprachlich hören wollen, würde ich sagen: Verloren gegangen ist uns das Gottvertrauen. Ich könnte auch sagen: Verloren gegangen ist uns die Gelassenheit des Lebens, die den Mut begründet, Neues zu wagen. Wir spüren das auch daran, dass das Vertrauen in die gewachsenen Institutionen schwindet, die solche notwendigen Veränderungen organisieren müssen. Wir haben das Vertrauen verloren in die Handlungsfähigkeit von Politik. Und die umherirrenden Wählerstimmen zeigen ganz deutlich das verloren gegangene Vertrauen in die handelnden Politiker. Wer nimmt uns mit auf den Weg der Veränderungen und sorgt dafür, dass keiner unter die Räder kommt? Nur wer Sicherheit im Wandel vermittelt, wird den Mut zur Veränderung stärken. Dazu aber gehört beides: Eine klare Vision und das Versprechen, auch die mitzunehmen, die Angst haben, auf der Strecke zu bleiben. In der biblischen Sprache heißt das: Verheißung und Segen.

Noch dominiert die Angst, noch das Beharren, das ein Zauberwort mit sich führt: Besitzstandswahrung. Und wir sehen nicht das Land, in dem wir ankommen sollen. Wir ahnen nur, dass alles ganz anders werden könnte. Abhanden gekommen ist uns der, der uns dieses zukünftige Land zeigen will. Wir hören seine Stimme nicht. Eine gottverlassene Welt. Das kann doch nicht die Vision sein. Mit Kriegen soll eine neue Weltordnung hergestellt werden. Wenn das im Nahen Osten mit dem Irak-Krieg der Anfang ist, dann kann es nur schrecklich werden. Mit gnadenlosem Wettbewerb versuchen die reichen Länder dieser Welt, ihren Wohlstand zu sichern. Was wir erleben, ist mehr als das scheinbare Herumirren des Abraham nach seinem Aufbruch. Ich habe Sehnsucht nach der Station, an der sich Gottes Stimme hören lässt: Dies ist das Land, das ich deinen Nachfahren geben will. Da würde ich auch einen Altar bauen, damit wenigstens ein Zeichen aufgerichtet wird an dem Ort, zu dem wir wandern, selbst wenn dann unterwegs noch manche Hungersnot zu bestehen ist und uns Existenzängste nicht erspart bleiben.

IV

Gibt es solche Visionen nicht? Das will ich nicht glauben. Gewiss, es ist schwer, in unserer sich so rasant verändernden Welt, Zukunftsperspektiven zu entwerfen. Gravierender aber als das Tempo ist wohl die Tatsache, dass wir, ohne es recht zu bemerken, gefangen sind in Gedankengebäuden und Ideologien, die in höchstem Maße scheinheilig sind. Sie predigen grundlegende Reformen und meinen doch nur, dass die Hindernisse aus dem Weg geräumt werden sollen, die sie hindern, ihr »weiter so« in noch größerem Tempo ungehindert fortzusetzen: Den Raubbau an der Natur, die Zerstörung der Umwelt, die Ökonomisierung der Welt in allen ihren Bezügen. Ihr Zauberwort heißt Deregulierung. Dabei halten sich die Starken ohnehin, wenn es darauf ankommt, kaum noch an Regeln. Das Trauerspiel zwischen USA und Vereinten Nationen hat es uns so deutlich wie bisher nie vor Augen geführt.

Aufbrechen müssen wir wohl zunächst aus den Gedankengebäuden und Ideologien, in denen wir uns eingerichtet haben. Das will ich wenigstens an einem Thema entfalten, an den Veränderungen in unserer Arbeitswelt. Wir sind in unserer modernen, hoch industrialisierten Welt an einem Punkt angekommen, an dem scheinbar fast alle Sinnzusammenhänge des Lebens durch die Arbeit, genauer gesagt durch die Erwerbsarbeit vermittelt werden. Das war nicht immer so. In der griechischen Antike und in Rom war es der Inbegriff von Freiheit, nicht arbeiten zu müssen. In der Bibel ist das anders, da gehören seit dem Sündenfall bebauen und bewahren zum Menschsein dazu. Aber sie sind nicht Sinn des Lebens so, wie das heute manch Arbeitsloser empfindet, der sein Leben in Arbeitslosigkeit für sinnlos hält: Ich bin zu nichts mehr nütze. Und weil die Arbeitslosigkeit das größte Problem ist, seine Überwindung anscheinend das höchste politische Ziel, und weil wir glauben, dass nur die Wirtschaft Arbeitsplätze schaffen kann, und die am besten weiß, wie sie das machen soll, bekommt die Ökonomie einen so hohen Stellenwert, dass man den Eindruck hat, die meisten würden es am besten finden, wenn die Politik gleich von den Zentralen der Wirtschaftsunternehmen gemacht würde. Die Politiker erscheinen ohnmächtig, obwohl man doch von ihrer Macht alles erwartet. Und damit sind wir mittendrin in den Gefangenschaften unserer ökonomisierten Welt und wollen doch zu gern dem Satz glauben, die nächste Konjunktur beseitige die Arbeitslosigkeit.

Wie sieht hier wirklich Fort-Schritt – im ursprünglichen Sinne ist das wohl nur ein anderes Wort für Aufbruch – wie sieht Fortschritt hier wirklich aus? In Wachstumsraten jedenfalls lässt er sich nicht messen. Er fängt in unseren Köpfen an, mit Ehrlichkeit: Die Vollbeschäftigung, die wir in Deutschland in Kriegszeiten und bis hinein in die sechziger und siebziger Jahre des vergangenen Jahrhunderts hatten, wird es nicht wieder geben. Die lebenslange Erwerbsbiographie wird zur Ausnahme. Die »gebrochene« Erwerbsbiographie mit wechselnder Intensität beruflicher Tätigkeit und möglicherweise immer wieder Strecken von Arbeitslosigkeit, diese gebrochene Erwerbsbiographie wird die Regel werden. Was wir an materiellen Dingen zum Leben brauchen, das werden in Zukunft immer weniger Menschen in immer kürzerer Zeit produzieren können. Daran wird auch die nächste Konjunktur nichts grundlegend ändern. Was aber bedeutet das für die sinnvolle Gestaltung des Lebens? Da fehlt eine Vision, denn mit dem Zustand von sich dahinquälender Massenarbeitslosigkeit können wir uns nun wirklich nicht abfinden.

Ich mache mir zunächst deutlich, was für das sinnvolle, erfüllte Leben der Menschen heute alles mehr oder weniger durch die Erwerbsarbeit vermittelt wird, denn das fehlt den Arbeitslosen in der Regel:

- Die Arbeit ist Existenzsicherung und Quelle unseres materiellen Wohlstands.

- Sie vermittelt Anerkennung, was man wohl am deutlichsten erkennt, wenn man sieht, welche Demütigung für viele die Arbeitslosigkeit ist.
- Sie stellt entscheidende soziale Beziehungen her und ist für viele der Ort für zwischenmenschliche Kommunikation, was man deutlich an der Vereinsamung von Arbeitslosen spürt.
- Sie gibt unserem Leben den Rhythmus. Der Wechsel von Ruhe und Arbeit ist immer wieder ein Thema der Bibel.
- Die Arbeit ist ein entscheidendes Feld kontinuierlichen Lernens. Wer keine Arbeit hat, verliert schnell seine Lernfähigkeit auch für andere Felder des Lebens.
- Die Arbeit ist Quelle von Selbstbewusstsein und Selbstvergewisserung, und gerade auch unter Frauen und jungen Menschen ein Element der Emanzipation. Hier hat sich Luthers Anstoß zu dem »protestantischen Arbeitsethos« geradezu in sein Gegenteil verkehrt. Ganz gegen seine Rechtfertigungslehre hat sich in den Köpfen festgesetzt: Ich bin etwas, weil und wenn ich etwas leiste. Und ob ich etwas leiste, erweist sich in der Arbeitswelt.
- Schließlich ist die Arbeit ein entscheidendes Element der Partizipation in der demokratischen Gesellschaft. Hier treffen Geben und Nehmen zusammen. Über die Erwerbsarbeit wird gesetzlich geregelte Solidarität in einem Staat gesellschaftlich organisiert.

Die Aufzählung ist sicherlich nicht vollständig. Und manch einer wird sogar feststellen, dass schon jetzt die Arbeit, der er nachgeht, diese lebenswichtigen Dinge nicht mehr vermittelt. Aber allein diese lange Liste macht deutlich, vor welchen Herausforderungen wir stehen, wenn wir uns nicht mehr einfach darauf verlassen können, dass den Menschen diese lebensnotwendigen Dinge durch die Arbeit vermittelt werden. Wir müssen ein gesellschaftliches Miteinander organisieren, in dem auch Menschen mit solchen gebrochenen Erwerbsbiographien die Chance auf ein erfülltes Leben haben. Die Last der Arbeitslosigkeit wird nur erträglich in einer Gesellschaft, die Chancen für ein erfülltes Leben auch außerhalb der Welt der bezahlten Arbeit zur Verfügung stellt. Das Sparen in den Bereichen von Kultur, geselligem Leben, zweckfreier Bildung und der Förderung ehrenamtlicher Arbeit ist darum ein Weg in die falsche Richtung. Aber noch ist dieses Thema weitgehend tabu. Noch werden Programme entwickelt, die Arbeitslosigkeit zu beseitigen. Sie werden kleine Erfolge erzielen, das Grundproblem aber nicht wirklich lösen. Schon darum sind sie nur wenig glaubwürdig. Die radikalere Frage lautet also: Was tun wir, damit diese lebenswichtigen Funktionen, die lange Zeit über die Erwerbsarbeit vermittelt wurden, von der Gemeinschaft und ihren Institutionen auch wahrgenommen werden, wenn und wo die Arbeitswelt dafür ausfällt.

Klar ist nach diesen Überlegungen: Das Problem der Arbeitslosigkeit, so, wie es die Menschen als Problem erfahren, ist keineswegs nur, vermutlich noch nicht einmal hauptsächlich ein Problem der Ökonomie. Es ist ein Problem der Gestaltung unseres gesellschaftlichen Miteinanders. Dabei denke ich nicht nur an Vereine, an Kultur- und Bildungsangebote. Es gibt so viel zu tun. Wer vermittelt zwischen denen, die Hilfe brauchen und denen, die nach sinnvoller Tätigkeit suchen? Wer gestaltet den Raum zwischen ehrenamtlicher Tätigkeit und bezahlter Arbeit? Wer ermutigt zum Teilen von Arbeit, damit nicht die einen überlastet sind und die anderen leer ausgehen? Plötzlich stehen ganz neue Fragen, die mit Konjunkturprogrammen nicht zu lösen sind.

Sie fragen: Was hat das alles mit der Aufbruch-Geschichte zu tun? Ich habe einfach die Hoffnung, dass wir zum Aufbruch, zu wirklichem Fortschritt fähig sind, wenn wir wenigstens die Größenordnung der Visionen erkennen, die nötig sind, um in eine hoffnungsvolle Zukunft voranzugehen. In den Sprüchen Salomo (29, 18) heißt es: »Wo keine Weissagung ist, wird das Volk wild und wüst.«

Nach innen hohl, nach außen aggressiv. Dorothee Sölle übersetzt: »Ein Volk ohne Visionen geht zugrunde.« Und diese Vision oder Weissagung ist in den Sprüchen ganz praktisch gemeint. Darum habe ich auch ein ganz praktisches Beispiel von allerdings großer Tragweite gewählt. Denn um die Entdeckung von Visionen geht es mir, von Visionen, die zum Aufbruch ermutigen.

Die Stimmung und die Lage

I

Es passt alles nicht, hinten nicht und vorne nicht. Irgendetwas stimmt nicht, irgendetwas läuft grundlegend falsch, und keiner bringt es auf den Punkt. Warum gibt es heute eigentlich keine Propheten mehr, so richtige, deren gewaltige Stimme man nicht überhören kann? Posaunenmäßig, dass die Wände zittern und Stadtmauern einfallen? Jetzt sagen Sie nicht, gibt's doch, bloß heute fallen nicht mehr Stadtmauern ein, sondern die höchsten Häuser der Welt, Symbole einer Weltmacht. Ich meine Propheten, die einem helfen, die Welt zu verstehen, die zu einem Aha-Erlebnis verhelfen. Bittere Wahrheiten reichen nicht, hilfreiche müssen es sein. Die Wahrheit soll euch frei machen.

Da habe ich meine biografischen Erfahrungen. Als im Herbst 1989 die Wahrheit über den Zustand der DDR ausgesprochen wurde, da war das eine Befreiung. Schritt für Schritt haben wir uns in den achtziger Jahren herangetastet. Friedensgebete gab es ja nicht erst in den revolutionären Zeiten jener Herbstmonate '89. Die kleine treue Schar traf sich jahrelang, vor Gott Wahrheiten auszusprechen, die in der Öffentlichkeit sonst keinen Raum hatten. Sie waren die Wegbereiter für die vielen, die dann das System zum Einsturz brachten. Die Gewaltlosigkeit unserer Revolution scheint mir manchmal wie ein Geschenk Gottes an seine treuen Beter. Er hat eben auch angenehme Überraschungen für uns bereit. Die Freude über die Befreiung war dann für alle mit den Händen zu greifen, als die Mauer fiel. Da war die Stimmung übrigens besser als die Lage. Die großen Probleme des Umbruchs kamen erst noch.

Ja, die Mauer war gefallen, die Zeit der Abgrenzung am Ende. Viele hatten den Eindruck, als würden wir nun aus dem Gefängnis DDR in das Reich der Freiheit eintreten, als wäre der Westen das Gelobte Land. Von Wiedervereinigung war die Rede, und das klang ein bisschen so, als würden wir zurückkehren ins Heilige Jerusalem. Aber ehe wir uns unserer Freiheit richtig bewusst werden konnten, kamen schon die neuen Sachzwänge des Alltags. Viele hatten Demonstranten selbst mit herbeigerufen mit dem holprigen Spruch vom Dezember 1989: »Kommt die D-Mark nicht zu uns, gehen wir zur D-Mark hin.« Der Tanz ums Goldene Kalb. D-Mark-Nationalismus. Die schnelle Wiedervereinigung, die da gefordert wurde, hatte ihren Preis. Keine Zeit, die Frage zu beantworten: Was wollen wir eigentlich? Die D-Mark als Ersatzziel für ein befreites, glückliches Leben. Das Ergebnis: Wir mussten uns anpassen an die Spielregeln der neuen Gesellschaft. Die Konkurrenz der Marktwirtschaft ließ kaum Spielräume für eigene Gestaltung. Die Wirtschaft musste in Gang gebracht werden. Die Regeln dafür waren vorgegeben. Wer nicht mithalten konnte, wurde an den Rand gedrängt. Hunderttausende von Arbeitsplätzen gingen verloren. Die neu gewonnene Freiheit wurde auf vielfältige Weise eingeschränkt. Vielleicht haben wir das auch nur so deutlich empfunden, weil wir diese Art der Einschränkung von Freiheit nicht kannten. Andere im Westen hatten sich längst daran gewöhnt. Nun sitzen auch auf unseren Bahnhöfen Bettler, werden alleinstehende Frauen mit Kindern zu Sozialhilfeempfängern. Jetzt beherrscht auch viele Menschen bei uns die Angst vor der Arbeitslosigkeit.

Der Widerspruch zu den Sonntagsreden mit ihren leeren Versprechungen schreit zum Himmel. Von blühenden Landschaften war die Rede. Mehr als 13 Jahre später hat sich längst Resignation breit gemacht. Da haben wir gekämpft und Anpassungsleistungen erbracht, dass es fast über unsere Kraft ging, und jetzt kommt im Bewusstsein vieler Menschen an: Es ist stressiger geworden, und die meisten sind auch materiell reicher, aber glücklicher sind wir eigentlich nicht. Die Stimmung ist also schlechter als die Lage, denn trotz aller Schwierigkeiten, sind die Möglichkeiten, das eigene Leben zu gestalten, doch um vieles reicher geworden. Aber wer kann sie nutzen, wer nutzt sie? Die meisten haben sich längst angepasst, boxen mit in der Ellenbogengesellschaft. Das passt doch nicht, vorne nicht und hinten nicht. Wo aber sind die Propheten, die rufen so laut wie die Posaunen?

Wenn wir in unserer Gegenwart keinen hören, dann hilft uns vielleicht ein Prophet aus dem alten Testament auf die Sprünge, der um sich herum offenbar eine ähnliche Situation hatte. Es ist der Prophet Jesaja, und es ist die Zeit, nachdem endlich das Exil, diese Gefangenschaft in Babylon zu Ende ist. Und ich will sie erzählen in einer gegenüber der Lutherübersetzung leicht veränderten Fassung.

Rufe lauthals, halte nicht an dich! Erhebe deine Stimme wie eine Posaune und verkünde meinem Volk seine Vergehen und dem Hause Jakob seine Verfehlungen. Sie suchen mich täglich und wollen meine Wege wissen, als wären sie ein Volk, das Gerechtigkeit tut und das Recht seines Gottes nicht verlässt. Sie fordern von mir Recht. Gottes Nähe wünschen sie. »Warum fasten wir, und du siehst es nicht an? Warum lassen wir unsere Kehle darben und du siehst es nicht an?« – Siehe, an dem Tag, da ihr fastet, geht ihr doch euren Geschäften nach und bedrückt alle eure Arbeiter. Siehe, wenn ihr fastet, hadert und zankt ihr und schlagt mit gewalttätiger Faust drein. Ihr sollt nicht so fasten, wie ihr jetzt tut, wenn eure Stimme in der Höhe gehört werden soll. Soll das etwa ein Fasten sein, an dem ich Gefallen habe: ein Tag, an dem Menschen ihre Kehle darben lassen? Sollen sie wie Binsen den Kopf hängen lassen, sich in Sack und Asche betten? Wollt ihr das ein Fasten nennen und einen Tag, an dem der Herr Wohlgefallen hat?

Das aber ist ein Fasten, an dem ich Gefallen habe: Lass los, die du mit Unrecht gebunden hast. Lös die Fesseln denen, auf die du das Joch gelegt hast. Gib frei, die du bedrückst, reiß jedes Joch weg. Brich dem Hungrigen dein Brot, und die im Elend ohne Obdach sind, führe ins

Haus! Wenn du einen nackt siehst, so kleide ihn, vor deinem Mitmenschen verschließ dich nicht. Dann wird dein Licht hervorbrechen wie die Morgenröte, und deine Heilung wird schnell voranschreiten, und deine Gerechtigkeit wird vor dir hergehen, und die Herrlichkeit des Herrn wird dich aufsammeln. Dann wirst du rufen, und der Herr wird dir antworten. Wenn du schreist, wird er sagen: Siehe, hier bin ich. Wenn du in deiner Mitte niemanden unterjochst und nicht mit dem Finger zeigst und nicht übel redest, sondern den Hungrigen dein Herz finden lässt und den Elenden sättigst, dann wird dein Licht in der Finsternis aufgehen und dein Dunkel wird sein wie der Mittag.

Und der Herr wird dich beständig leiten und dich sättigen in dürren Zeiten und deine Knochen stärken. Und du wirst sein wie ein bewässerter Garten und wie eine Wasserquelle, der es nie an Wasser fehlt. Und es soll durch dich wieder aufgebaut werden, was lange wüst gelegen hat, und du wirst wieder aufrichten, was vorzeiten gegründet ward; und du sollst heißen: »Der die Lücken zumauert und die Wege ausbessert, dass man ja wohnen könne.« Wenn du deinen Fuß am Sabbat zurückhältst und nicht deinen Geschäften nachgehst an meinem heiligen Tage und den Sabbat »Lust« nennst und den heiligen Tag des Herrn »Geehrt«; wenn du ihn dadurch ehrst, dass du nicht deine Gänge machst und nicht deine Geschäfte treibst und kein leeres Geschwätz redest, dann wirst du deine Lust haben am Herrn, und ich will dich über die Höhen auf Erden gehen lassen und will dich speisen mit dem Erbe deines Vaters Jakob; denn des Herrn Mund hat's geredet.(Jesaja 58)

II

Eigentlich hätte die Stimmung unter den jüdischen Gemeinden damals besser sein müssen. Endlich war die Zeit des Exils in Babylon vorbei. Dorthin waren die Juden nach dem verlorenen Krieg verschleppt worden. 40 Jahre hatte das Exil in Babylon gedauert. Endlich war diese Zeit zu Ende. Es muss eine schlimme Zeit in der Fremde gewesen sein. Sogar die für die Juden so wichtige Religionsausübung war verboten. Manch einer erinnert sich vielleicht noch an die Geschichte von Daniel in der Löwengrube. Er hatte sich nicht abbringen lassen, trotz Verbot weiter zu seinem Gott zu beten. Zur Strafe wurde er den Löwen zum Fraß vorgeworfen, und es war ein Wunder, dass er das überlebte. Das muss damals also eine Zeit mit viel Angst, mit alltäglicher Bedrohung gewesen sein. Wenn ich an die Spitzel denke, die dem Daniel damals nachgeschickt wurden, dann bin ich durchaus an das Spitzelsystem in der DDR erinnert. Aber die Zeit damals und unsere Zeit begegnen sich noch an anderen Stellen.

Zum Beispiel auch an folgender: Nun, wo Gefangenschaft und Bedrückung vorbei sind, hätte die Stimmung wirklich besser sein können. Die Juden konnten zurückkehren, ihr Leben wieder weitgehend selbst gestalten. Sogar der Wiederaufbau des Tempels, des Allerheiligsten, war ihnen erlaubt worden. Aber die Stimmung war nicht danach. Die Leute meckern. Und so erinnert mich nicht nur die Zeit in der babylonischen Gefangenschaft an die DDR-Zeiten hinter der Mauer. Parallelen gibt es auch für die Zeit danach: Es kommt die Wende, die Nachkriegsära ist zu Ende. Rückkehr ist möglich. Von Friedensdividende ist die Rede. Alle scheinen sich Mühe zu geben, aber die harten Realitäten sprechen eine andere Sprache. Die Stimmung ist nicht so, wie sie nach dieser wieder gewonnenen Freiheit eigentlich sein sollte. Das war damals offenbar so wie heute. Da müsste man eigentlich laut schreien, damit die Menschen aufwachen und sich besinnen und darüber nachdenken, was hier falsch läuft.

Genau das ist der Auftrag des Propheten. Er soll laut schreien wie eine Posaune. Aber man muss ehrlich sein: Dass die Stimmung schlechter war als die Lage, lag schon damals daran, dass die Menschen viel zu hohe Erwartungen hatten. Die Propheten in der Zeit des Exils, die die

Wende damals angekündigt hatten, versprachen goldene Zeiten. Da war von unaussprechlichem Jubel die Rede, der ausbrechen würde. Es sollte alles herrlich werden. Von blühenden Landschaften war die Rede. Und dann wurde doch alles viel mühsamer. Die hochgespannten Erwartungen erfüllten sich nicht, obwohl eigentlich alle sich so recht und schlecht Mühe gaben. Wenn man das bedenkt, ist schon sehr verständlich, dass sich Enttäuschung breit machte. Der Vorwurf richtet sich natürlich an Gott. Immer sind die da oben schuld. »Warum fasten wir, und du siehst es nicht?« Nach dem Motto: Wir geben uns Mühe. Wenn es nicht so läuft, wie wir es uns vorstellen, müssen andere daran schuld sein. So beklagen sie sich. Dass ihre Unzufriedenheit auch mit ihnen selbst zu tun haben könnte, merken sie nicht. Sie begreifen nicht, was sie falsch machen.

Eigentlich hätten die Israeliten es wissen können. Sie haben doch von Generation zu Generation diese Geschichte vom Auszug ihres Volkes aus der Sklaverei in Ägypten weitererzählt, diese Urgeschichte der Befreiung. Damals kamen sie ja auch nicht gleich nach dem Durchzug durch das Rote Meer, als die Feinde alle ertrunken waren, im gelobten Land an. Vor ihnen lag eine vierzigjährige Wüstenwanderung. Sie war so mühselig, dass sich viele wieder nach den Fleischtöpfen Ägyptens zurücksehnten: Lieber in der Sklaverei ein einigermaßen geordnetes Leben führen als die Strapazen in der Wüste auf sich nehmen. Es ist wie ein Gesetz der Geschichte. Die Menschen erwarten immer zu viel von der erträumten, von der lange ersehnten Befreiung. Kaum wird sie Wirklichkeit, werden sie wieder von den Zwängen des Alltags eingefangen. Wirkliche, echte Befreiung bereitet Schmerzen. Freiheit macht Mühe. Wer das vergisst, ist sehr schnell wieder Knecht neuer Herren.

Nicht anders erging es den Juden nach der Babylonischen Gefangenschaft. Sie gerieten in ökonomische Abhängigkeit. Die ökonomischen Zwänge waren sehr stark. Israel war ja ein Teil des persischen Reiches; stand damit unter persischer Steuerhoheit. Die Steuern wurden in Silbermünzen eingezogen. Israel verfügte aber über keine eigenen Silberbergwerke. Die erforderlichen Geldbeträge konnten also nur durch eigene Überschüsse erwirtschaftet werden. Da musste jeder Unternehmer schon hart kalkulieren. Viele kleine und mittlere Betriebe waren diesem harten Konkurrenzkampf nicht gewachsen. Sie mussten ihre Arbeiter antreiben, alles aus ihnen herausholen, um die Rechnungen und Kredite zu bezahlen. Da musste auch schon mal am Sabbat gearbeitet werden. Wenn es ums Überleben geht, hat die Wirtschaft Vorrang vor der Religion. Die Zeiten waren ernst. Wer in Konkurs ging, kam in die Schuldsklaverei, musste seinen Kredit abarbeiten. In dieser Zeit hatten sich ziemlich rücksichtslose Kreditpraktiken herausgebildet. Schließlich gab es auch schon wieder eine Oberschicht. Die war da nicht zimperlich und profitierte ganz schön von diesen Geschäften.

Auf die Parallelen zu heute braucht man nicht hinzuweisen. Diese Sätze malen ein ziemlich negatives Bild vom Wirtschaften. Wer so denkt und redet, bekommt schnell das Etikett wirtschaftsfeindlich angeheftet. Der Prophet hätte in den Kammern und Verbänden unserer Wirtschaft keine Chance. Steht die biblische Botschaft gegen wirtschaftspolitische Vernunft? Oder haben wir uns an Unvernünftiges schon so gewöhnt, dass wir es für vernünftig halten? Ich habe gleich zu Anfang, als der Prophet seinen Auftrag bekommt, von Vergehen und Verfehlungen geschrieben statt von Abtrünnigkeit und von Sünde, wie es bei Luther heißt. Abtrünnigkeit und Sünde, das klingt einfach zu moralisch. Es geht aber nicht um Moral, auch wenn ich aus den Aufbaujahren im Osten viele Geschichten erzählen könnte, die nicht nur unmoralisch, sondern schon kriminell waren und keineswegs alle verfolgt wurden. Nein, es geht nicht um Moral mit erhobenem Zeigefinger, und das ist gut so. Die Stimme des Propheten betrifft nämlich uns, und die Unmoralischen sind doch meist die anderen. Vergehen ist viel besser, man merkt es, wenn man statt gehen einmal laufen einsetzt. Es geht um Menschen, die sich auf dem Weg, den sie vielleicht sogar bemüht suchen, verlaufen, es geht um Menschen, die in die Irre gehen. Es geht um Verfehlungen, so wie man ein angepeiltes Ziel verfehlt. Es geht um richtige Wege und lohnende Ziele.

Das genau ist die Stelle, an der sich die Welten, die des Propheten und unsere begegnen. Auch wir suchen nach Wegen in die Zukunft. Aber wir verlaufen, wir vergehen uns. Noch peilen wir das Ziel an: Wohlstand für alle. Aber wir verfehlen es, die Schere zwischen arm und reich wird immer größer. Ja, wir peilen Fortschritt an. Und wir messen den Fortschritt in Wachstumsraten des Bruttosozialprodukts, als würde das Mehr-Verbrauchen Fortschritt bedeuten. Wir schwören alle auf Deregulierung, aber was sich unter dem Stichwort der Globalisierung und durch die Macht der internationalen Finanzwirtschaft bei uns entwickelt hat, droht zu einem System der Ungerechtigkeit zu werden, das politisch keiner mehr im Griff hat. Wenn ich bedenke, dass die Banken über Billionen von Dollars verfügen und nicht wissen, wo sie die am besten anlegen sollen und andererseits manch ein Existenzgründer keine Chance hat, einen Kredit zu bekommen, wenn ich bedenke, wie Betriebe ihren Arbeitern den Lohn drücken müssen, weil sie Angst vor dem Konkurs haben und die Zinsen nicht zahlen können, dann haben sich die Grundstrukturen der Gesellschaft wohl doch nicht so grundsätzlich geändert, wie wir oft annehmen. Der Unterschied zwischen arm und reich muss schon damals sehr groß und bedrückend gewesen sein.

Die Unzufriedenheit fragt: Wie soll es weitergehen? Die Frage richtet sich an Gott: *Täglich suchen sie mich, und sie begehren die Kenntnis meiner Wege.* Das klingt zunächst gut, erweckt es doch den Eindruck, als wollten die Menschen nicht eigene Wege gehen, sondern auf Gott hören. Wie ein Volk, das Gerechtigkeit getan und das Recht seines Gottes nicht verlassen hat, bitten sie ihn um gerechte Richtersprüche, begehren die Nähe Gottes.

Aber die Realitäten sind anders. Längst geht jeder seinen eigenen Weg. Die Spielregeln Gottes werden nur äußerlich eingehalten. Die Formen stimmen, aber der Sinn der Regeln wird verdorben. Alle reden vom Sozialstaat, aber die Solidarität wird dem Wettbewerb geopfert. Der Sabbat, der Tag der Ruhe, an dem die Gerechtigkeit Gottes wieder hergestellt werden soll, wird missbraucht. Wir laufen immer schneller im Hamsterrad, weil wir hören: Die Schnellen fressen die Langsamen. Diejenigen, die sich an den Fastentagen vor Gott als Gedemütigte darstellen, verhalten sich an diesem Tag gleichzeitig unsolidarisch gegenüber den gesellschaftlich Gedemütigten: *Siehe, am Tag eures Fastens macht ihr Geschäfte und treibt alle eure Arbeiter an!* Sie tun so, als wüssten sie nicht, als würden sie nicht merken, dass sie längst auf ganz eigennützigen Wegen sind. Sie verlassen als Geschäftsführer und Vorstände mit Millionenabfindungen in Konkurs gegangene Betriebe und überlassen die Arbeiter der Sozialhilfe, die die vielen kleinen Steuerzahler aufbringen müssen. So wird die Frage nach den Wegen Gottes zum Ablenkungsmanöver, das die eigenen Verfehlungen verstecken soll.

Das sieht alles ziemlich ausweglos aus. Die Frage nach dem Weg verstehe ich darum sehr gut. Danach werde ich auch sehr oft gefragt. Wie soll das alles weitergehen. Die Arbeitslosenzahlen steigen. Die Armen werden immer ärmer, die Reichen immer reicher. Das soziale Netz droht zu reißen. Die Zukunftsangst wächst. Täglich kommen neue Verunsicherungen hinzu. Vor 30 Jahren wurden noch Prognosen über die Entwicklung bis zum Jahr Zweitausend abgegeben. Jetzt wagt kaum jemand zu beschreiben, wie Deutschland in fünf Jahren aussieht. Der Blick in die Zukunft ist uns verstellt. Wir stecken mittendrin in Veränderungen, deren Ausgang niemand richtig übersieht. Die Entwicklung von Wirtschaft und Technik diktiert den Lebensrhythmus und das Tempo unseres Arbeitsalltags. Ruhepole scheint es nicht mehr zu geben. Die Rede vom Sabbat, an dem nicht gearbeitet werden soll, und vom Fasten ist angesichts dieser Situation weltfremd. Wer nicht mitspielt bei dem sich immer mehr beschleunigenden Spiel, hat doch schon verloren. Ich weiß wirklich nicht, wie das noch weitergehen soll. Gerade vor ein paar Tagen bin ich wieder in einem unserer Neubaugebiete bei einer Bürgerversammlung gefragt worden, was ich denn für Visionen für die Menschen dort habe. Ich bin es leid, von den blühenden Landschaften zu reden, die doch keine Hoffnung mehr ausstrahlen. Aber ohne Wegmarkierungen kann man doch nicht leben.

Eines macht unser Text zunächst deutlich. Das formale Einhalten von Spielregeln, das Festhalten an Konventionen, die durch falschen Gebrauch längst ihres Inhaltes entleert sind, bringt nicht weiter. Vielleicht empfinden die Menschen aus dem Osten die neue Ideologie der neoliberalen Marktwirtschaft besonders deutlich. Wir haben ja noch das Gesetz vom Sieg des Sozialismus als »Naturgesetz« gelernt. Da wird man empfindlich gegenüber derartigen unabänderlichen Gesetzen der freien Marktwirtschaft, die das Heil der Welt bringen soll. Befreit von einem »Naturgesetz« wollen wir nun nicht einem neuen ausgeliefert sein. Gott hat das Volk Israel befreit aus der Babylonischen Gefangenschaft. Diese Befreiung ist aber nur der Anfang, nicht das Ziel seiner Befreiungsaktion. Er will sein Volk nicht nur befreien aus der Sklaverei. Er will es auch befreien zu menschengerechtem Handeln.

Dieses Volk aber hat sich gleich wieder gefangennehmen lassen von den neuen Sachzwängen seines Alltags. Auch da begegnen sich die Welten von damals und heute.

Aber das ist möglicherweise noch nicht das Hauptproblem ihrer Situation. Sie versuchen, sich selbst und damit Gott zu betrügen. Sie quälen ihre Arbeiter, zanken und streiten sich, schlagen sogar mit der Faust zu und spielen sich am Sabbat untereinander eine heile Welt vor. Denken sie wirklich, dass Gott das nicht bemerkt? Können sie nicht verstehen, dass man die Wege Gottes nicht erkennen kann, wenn man sich ständig selbst betrügt? Sie kümmern sich nicht um die Gerechtigkeit, der Gott zum Durchbruch verhelfen will. Ein glückliches und erfülltes Leben kann so nicht gelingen. Ein Prophet heute müsste uns sagen, wo wir uns betrügen. Aber die Geräuschkulisse, der Lärm der Besserwisser und Werbeagenturen, der Parteistrategen und der Verkäufer von Aufregern ist so groß geworden, dass da selbst Posaunen nicht mehr durchkommen. Vermutlich geht es uns heute nicht anders als den Menschen damals. Eigentlich, wenn wir wirklich nachdenken würden, könnten wir erkennen, wo Vergehen und Verfehlung liegen, wo wir in die Irre gehen und das Ziel verfehlen. Aber wir haben uns so an die Doppelbödigkeit gewöhnt, dass wir sie fast nicht mehr bemerken. Wie damals, als die meisten die sozialistischen Parolen in der Öffentlichkeit mitgesprochen haben, obwohl sie, wenn sie die Wohnungstür hinter sich geschlossen hatten, mit diesem Quatsch nicht zu tun haben wollten. Das ist nicht viel besser als bei Parlamentariern, die sich in den Parlamenten gewaltige, oft beleidigende Redeschlachten liefern und anschließend gemeinsam Bier trinken und sich über das eben abgelieferte Theater lustig machen. Um diese Doppelbödigkeit geht es. Es geht darum, dass Sonntagsreden und Alltagspraxis zusammenpassen müssen. Das ist leichter gesagt als getan. Aber genau darum geht es, um dieses gesagt und getan.

Der Nobelpreisträger Amartya Sen schreibt in seinem Buch »Ökonomie für den Menschen, Wege zu Gerechtigkeit und Solidarität in der Marktwirtschaft«, dass wirtschaftliche Entwicklung im Kern wachsende Freiheit bedeutet. Armut ist immer Armut an Verwirklichungschancen. Materielle Armut ist nur ein Faktor, dem Menschen solche Chancen zu verwehren. Gerechtigkeit ist das Fundament wirklicher Freiheit und die Voraussetzung für eine funktionierende Ökonomie. Vielleicht sind solche Mahner, solche Anwälte der Armen und Besitzlosen ja die Propheten von heute. Jedenfalls finde ich, Jesaja und Amartya Sen würden sich gut verstehen. Er deckt den Widerspruch auf, der in unserem allgemein proklamierten Fortschrittsglauben steckt. Wirtschaftliche Entwicklung allein bringt uns nicht voran, wenn sie nicht auch zu mehr Freiheit und größeren Verwirklichungschancen führt.

Der Prophet Jesaja beschreibt den Ausweg aus dieser Doppelbödigkeit unseres Tuns. Das Bemerkenswerte ist, wie konkret seine Forderungen sind. Da kann keiner mit dem Finger auf andere zeigen. Das muss jeder selbst in Angriff nehmen. Fesseln des Unrechts sollen gelöst werden. Die schwere Lasten tragen, sollen von diesen Lasten befreit werden. Unterdrückte sollen aufatmen können. Bei Gott hat Gerechtigkeit immer etwas mit Freiheit zu tun. Freiheit als Grundvoraussetzung und Ziel von Fortschritt und Entwicklung. Darum ist sein das Leben des Menschen begleitendes Handeln eine fortdauernde Befreiungsbewegung. Diese Freiheit entsteht durch soziales, gemeinschaftsgerechtes Verhalten. Und das ist immer sehr konkret: *Brich dem Hungrigen dein Brot, und die im Elend ohne Obdach sind, führe ins Haus.*

Dass dies die Armen und Gedemütigten von ihren Lasten befreit, das wird jedem einleuchten. Dass es aber auch den Geber bereichert und befreit, das wird wohl nur glauben, wer sich einmal darauf eingelassen hat. Es ist mit dem Verstand schwer zu begreifen. Vielleicht ist das auch der Grund dafür, dass wir mit der Gerechtigkeit, die Gott meint und die allen Menschen gilt, so schwer zurechtkommen. Brich dem Hungrigen dein Brot, diese Aufforderung richtet sich gerade an diejenigen, die die Befreiung aus der Sklaverei, die Befreiung aus dem Babylonischen Exil schon genießen können. Sie sollen diese Freiheit nutzen, den noch nicht Befreiten und den sozial Geknechteten zur Freiheit zu verhelfen. Sie sollen ihren Reichtum teilen, nicht, wie wir oft sagen, uneigennützig. Nein, dieses Teilen wird ihnen selbst zum Vorteil gereichen. Die Freiheit der anderen ist die Voraussetzung für den eigenen Fortschritt. Zu diesem Schluss kommt auch einer der bedeutendsten Wirtschaftstheoretiker der Gegenwart. Die Bibel ist gerade heute, in unserer so orientierungslosen Welt, in hohem Maße politisch vernünftig.

Wir hängen nämlich enger zusammen, als wir denken. Der Prophet sagt sogar bei seinem Aufruf zu helfen: *Vor deinem Fleisch verbirg dich nicht.* Wer den Bedrückten nicht hilft, schneidet sich ins eigene Fleisch, schadet sich selber, schadet keineswegs nur denjenigen, die er verhungern lässt oder antreibt zu unmenschlicher Arbeit. Die Solidarität, die Gott fordert, ist nicht eine Solidarität der Entrechteten und Gedemütigten untereinander gegen die Reichen und Besitzenden. Es ist eine Solidarität zwischen Armen und Reichen. Solche Solidarität ist selten in unserer Welt, in der doch die Reichen den Armen bestenfalls Almosen geben, abgeben von ihrem Überfluss, und das allzu oft nur, um ihr eigenes Gewissen zu beruhigen.

Ja, Ungerechtigkeit überwindende Solidarität fehlt auch heute. Sie scheint nicht zu passen in unsere pluralistische Welt, in der die Probleme des Anderen beiseite geschoben werden mit dem Satz: »Das ist dein Problem.« So wird der Text auch zu einer Kritik an unserem Freiheitsverständnis: Frei bin ich, wenn ich tun und lassen kann, was ich will. So erscheint der Andere als Störfaktor meiner Freiheit. Dass erst die Freiheit des Anderen meine eigene Freiheit zur Entfaltung bringt, kommt uns nicht in den Sinn. Wer das aber nicht bedenkt, ist schnell in der Einsamkeit seiner Wünsche gefangen. Es ist also nicht verwunderlich, wenn in unserer durch individualistische Freiheitsideale geprägten Welt immer wieder von sozialer Kälte die Rede ist. Viele Ostdeutsche, die neu hineingekommen sind in die bundesdeutsche Gesellschaft, empfinden diese Gesellschaft in besonderer Weise als Ellenbogengesellschaft. Wer das als Ostdeutscher offen ausspricht, setzt sich schnell dem Vorwurf der Nostalgie aus. Er erweckt den Eindruck, als missachte er die uns 1989 geschenkte Freiheit. Die als Unabhängigkeit gedachte individuelle Freiheit ist eben für die meisten der höchste Wert in unserer Gesellschaft. Wer ihn in Frage stellt, begibt sich selbst ins Abseits.

Es geht um Gerechtigkeit als Voraussetzung für gelingendes Leben. Wir denken bei Gerechtigkeit ja immer sehr schnell an die Gerichte, an Richter, die Recht sprechen, zu richten haben. Am Ende steht die Strafe oder der Freispruch. Diese Art Gerechtigkeit hat das Ziel, Gut und Böse voneinander zu trennen. Die Gerechtigkeit, die hier gemeint ist, soll nicht trennen. Diese Gerechtigkeit soll verbinden, soll versöhnen und Gemeinschaft stiften, Wunden heilen, von Schmerzen befreien. Die deutsche Sprache kennt, ganz versteckt und nur noch selten benutzt, noch eine andere Bedeutung des Wortes richten, die diesem Verständnis näher kommt: »Die Tafel ist gerichtet, das Fest kann beginnen.« Wenn jeder seinen menschenwürdigen Platz hat, an dem er sich wohl fühlt, wo sich sein Leben entfalten kann, wenn jeder reich ist an ihm angemessenen Verwirklichungschancen, dann sind wir der Gerechtigkeit Gottes sehr nahe. Seine Gerechtigkeit zielt auf das Leben, das ein Fest sein soll, an dem alle Menschen gleichberechtigt teilnehmen. Keiner ist mehr unterjocht, hungrig oder nackt, alle sind eingeladen zum Fest.

Aber wieso ein Fest feiern, wo doch die Verhältnisse so miserabel sind, die Stimmung schlecht, damals wie heute? Weil ein Blick auf das, was sein könnte, das, was ist, verändert. Das ist das Schöne für mich an dem Text. Er droht nicht mit Strafe, wenn wir nicht auf den Weg der Gerechtigkeit kommen. Das würde den verängstigten Menschen, die sich aus Unsicherheit krampfhaft an die Rituale halten und doch nicht frei sind füreinander, das würde ihnen nicht helfen. Gott will uns durch den Propheten zum Leben verlocken. Und die Bilder am Schluss des Textes sind schon verlockend. *Du wirst sein wie ein wasserreicher Garten und wie eine Wasserquelle, der es nie an Wasser fehlt.* Der Text spricht von Reichtum unterwegs. Dieser Reichtum des Lebens wächst mit seiner Verschwendung. Er setzt auf die gute Erfahrung: Teilen macht Spaß.

III

Ich erinnere mich an eine Bergwanderung. Der Aufstieg war mühsam. Es war heiß. Wir hatten Durst, waren wie ausgetrocknet. Dann kam die Rast unterwegs. Wir hatten nur noch ein Stück Brot und eine Flasche Wasser. Das Brot wurde geteilt, die Wasserflasche kreiste. Es reichte für alle, obwohl im ersten Augenblick wohl jeder dachte, die Wasserflasche würde nicht einmal den eigenen Durst stillen. Das Teilen kann alle reich machen. Das ist die gute Erfahrung von Solidarität unter Gleichen, Solidarität aus gemeinsamer Betroffenheit. Unser Problem besteht heute aber darin, Solidarität zwischen Ungleichen zu organisieren, zwischen den Starken und den Schwachen, zwischen Ost und West, zwischen arm und reich, zwischen Nord und Süd. Kann man das überhaupt in einer Welt, in der sich alles rechnen muss? Rechnet sich Solidarität? Gottes Gerechtigkeit antwortet mit einem klaren: Ja, Solidarität rechnet sich. Vielleicht würden wir lieber sagen: lohnt sich. Diese Überzeugung, dieser Gedanke durchzieht die Bibel vom Alten bis zum Neuen Testament wie eine Grundmelodie. Deswegen möchte ich an dieser Stelle eine Geschichte aus dem Neuen Testament einfügen, die von der Solidarität zwischen reich und arm handelt.

Es war ein reicher Mann, der kleidete sich mit Purpur und köstlicher Leinwand und lebte alle Tage herrlich und in Freuden. Es war aber ein Armer mit Namen Lazarus, der lag vor seiner Tür voller Schwären und begehrte, sich zu sättigen von dem, was von des Reichen Tische fiel; dazu kamen auch noch die Hunde und leckten ihm seine Schwären. Es begab sich aber, dass der Arme starb und ward getragen von den Engeln in Abrahams Schoß. Der Reiche aber starb auch und ward begraben. Als er nun bei den Toten war, hob er seine Augen auf in seiner Qual und sah Abraham von ferne und Lazarus in seinem Schoß. Und er rief und sprach: Vater Abraham, erbarme dich mein und sende Lazarus, dass er das Äußerste seines

Fingers in Wasser tauche und kühle meine Zunge; denn ich leide Pein in dieser Flamme. Abraham aber sprach: Gedenke, Sohn, dass du dein Gutes empfangen hast in deinem Leben, Lazarus dagegen hat Böses empfangen; nun wird er hier getröstet und du wirst gepeinigt. ... Da sprach er: So bitte ich dich, Vater, dass du sendest in meines Vaters Haus; denn ich habe noch fünf Brüder, dass er sie warne, auf dass sie nicht auch kommen an diesen Ort der Qual. Abraham aber sprach, sie haben Mose und die Propheten; lass sie dieselben hören. Er aber sprach: Nein, Vater Abraham, sondern wenn einer von den Toten zu ihnen ginge, so würden sie Buße tun. Er sprach zu ihm: Hören sie Mose und die Propheten nicht, so werden sie auch nicht glauben, wenn jemand von den Toten aufstünde. (Lukas 16, 19-31)

Die meisten von Ihnen werden diese Geschichte vom reichen Mann und dem armen Lazarus kennen. Der reiche Mann lebt in Saus und Braus. Der arme Lazarus ist völlig auf den Hund gekommen. Von Solidarität keine Spur. Er lebt von dem, was den Hunden vorgeworfen wird. Solidarität rechnet sich nicht, so die Überzeugung des Reichen, und er kann rechnen, denn sonst hätte er es nicht zu solchem Reichtum gebracht. Das haben wir ja gelernt in der Marktwirtschaft: Alles muss sich rechnen. Der springende Punkt ist allerdings, welche Größen man in diese Rechnung einbezieht. Was sich kurzfristig rechnet, kann langfristig ein großes Verlustgeschäft sein. Wir beginnen das in den letzten Jahren mühsam in der Debatte über die Nachhaltigkeit zu lernen. Rechnet man die Entsorgungskosten nicht ein, die noch Generationen nach uns zahlen müssen, dann ist die Atomenergie kurzfristig eine der billigsten Arten, Strom zu erzeugen. Aber wie sieht das langfristig aus. Wie steht es mit unserer Solidarität gegenüber den nachfolgenden Generationen? Krieg kann für die nächsten Jahre den Zugang zu Öl sichern, so gesehen sich vielleicht für einige Industrieländer sogar rechnen. Aber wer zahlt die Kosten für die langfristige Destabilisierung unserer Weltgemeinschaft, die Kosten für die nächsten Terroranschläge, die damit provoziert werden. Alles muss sich rechnen, das kann man wohl für die Ökonomie unserer Welt akzeptieren, aber bitte langfristig.

In unserer Geschichte werden nun buchstäblich Himmel und Hölle in Bewegung gesetzt, um deutlich zu machen, dass, aufs Ganze gesehen, sich Solidarität doch lohnt. Der Arme kommt in Abrahams Schoß, der Inbegriff von Geborgenheit. Der Reiche landet in der Hölle. Dort ist es fürchterlich. Was sich in den Rechenbüchern und Kalkulationen der Reichen nicht rechnet, was sich rein innerweltlich gesehen nicht auszahlt, könnte aufs Ganze doch lohnend sein. Ausgleichende Gerechtigkeit, meinen manche. Vertröstung der Elenden und Armen auf das Jenseits, sagen andere. Wenn es Vertröstung aufs Jenseits wäre, müsste der arme Lazarus wohl darum bitten, dass ein Bote zu den anderen Armen geschickt wird, damit er ihnen sagt, dass es im Himmel herrlich ist, und sie ihr Elend in der Welt nur aushalten sollten, es gäbe im Himmel einen herrlichen Ausgleich dafür. Davon aber ist in diesem Gleichnis überhaupt nicht die Rede. Nein, es geht im Gleichnis vom reichen Mann und dem armen Lazarus vor allem um die Frage, wie Menschen dazu veranlasst werden können, schon in dieser Welt das Brot mit den Hungrigen zu brechen und den Gedemütigten ihre Seele zu schenken. Das Gleichnis will deutlich machen: Selbst dann, wenn dieses Teilen sich nach den Maßstäben dieser Welt nicht rechnet, aufs Ganze gesehen lohnt es sich doch.

Diese Geschichte vom reichen Mann und dem armen Lazarus setzt Himmel und Hölle in Bewegung, um deutlich zu machen, dass Solidarität sich höchstens auf den ersten Blick nicht rechnet. Es hat immer wieder die Versuche gegeben, auch den Lohn für die Solidarität ins Jenseits zu verlegen. Man hat diese Geschichten dann ins Reich der Gesinnungsethik geschoben. Mit der Bibel lässt sich keine Politik machen. Maximierung von Profit ist schließlich die Triebfeder unserer wirtschaftlichen Entwicklung. Aber auch diese moralische Geschichte im Neuen Testament verweist auf die Propheten. Und die reden und argumentieren wie Jesaja politisch, selbst wenn sie eine Bildersprache benutzen. Jesaja redet bei seinen Visionen als Lohn für Gerechtigkeit, für menschengerechtes Verhalten vom bewässerten Garten – übrigens nicht von blühenden Landschaften, der Garten ist zwar der Inbegriff von Wachstum, aber er muss noch bebaut werden – und von der nie versiegenden Quelle, dem Symbol für ein reiches Leben. Also hören wir noch einmal auf den Propheten Jesaja.

IV

Dem Propheten Jesaja geht es um den Widerspruch zwischen Schein und Sein, gesagt und getan, Sonntagsrede und Alltagspraxis. Weil das nicht zusammenstimmt, schreit er. In den Tagen, in denen ich diesen Text schreibe, hält George W. Bush seine Rede von der Nachkriegsordnung im Nahen Osten nach dem Irak-Krieg. Das Evangelium dieses Kreuzzuges heißt Demokratie. Und die Rede provoziert mich zu einer neuen Sicht auf diesen Jesaja-Text. Der Missionar des 21. Jahrhunderts will den Völkern des Nahen Ostens die Demokratie bringen. Es geht um Entwaffnung dort, während hier die neuen Rüstungsprogramme auf Hochtouren laufen. Es geht um Menschenrechte, während auf den Inseln vor der Küste Amerikas Menschen gefoltert werden. Und es geht um Demokratie, um die politische Mitwirkung aller, aber demokratische Mitwirkung und Mehrheiten im Sicherheitsrat der Vereinten Nationen werden im Zweifelsfall einfach missachtet. Die Regeln der Demokratie, der »Freien Welt« werden zelebriert. Aber wenn es darauf ankommt, werden sie je nach amerikanischer Interessenlage gebrochen. Sie präsentieren sich vor Gott als Anwalt der Freiheit und drücken mit einem gewaltigen Propagandaapparat Andersdenkende nieder. Nicht zu übersehen: Damals wie heute stehen dahinter mächtige ökonomische Interessen. Die Ähnlichkeiten der Lage damals und heute sind nicht zu übersehen.

Wo ist der Ausweg aus der Sackgasse? Jesaja benennt ihn eindeutig, und er ist heute kein anderer als damals. Nur die Überwindung der Armut durch Teilen, nur die weltweite Arbeit für mehr Gerechtigkeit bringt wirklich Heilung. Die Risse zumauern, die sich in der Weltgesellschaft zeigen, Wege ausbessern, damit die Menschen zueinander kommen und nicht Schützengräben ausgehoben werden für den Kampf der Kulturen. Sowenig wie der Text des Jesaja gegen das Volk Israel gerichtet ist, sowenig ist diese harte Kritik an der derzeitigen amerikanischen Politik gegen Amerika gerichtet. Es geht um die Einsicht, dass diese Doppelbödigkeit gegen die eigenen Interessen gerichtet ist. Ich bin überzeugt davon, dieser Krieg gegen den Irak ist langfristig gesehen gegen die amerikanischen Interessen gerichtet. Vertretung eigener Interessen ist nicht zu kritisieren, aber man kann dieses Ziel verfehlen, und um diese Verfehlungen geht es. Entwaffnung eines Diktators ist ein gutes Ziel, aber der Weg, es durch Krieg zu tun, wo doch ein anderer offen steht in diesem Land, das so gut unter Kontrolle ist wie kein anderes Land in der Welt, dieser Weg ist falsch, um dieses Vergehen geht es.

Jesaja weiß, seine Stimme wird nur Gehör finden, wenn es eine verlockende Alternative gibt. Nicht neue Forderungen und Regeln werden die Lage ändern, sondern anziehende Visionen. Die Menschen sollen spüren, dass es in ihrem eigenen Interesse liegt, diesen Widerspruch zwischen Theorie und Praxis, zwischen formaler Einhaltung von Spielregeln und Verstoß gegen ihren Sinn zu überwinden. Unser Text macht das in sehr eindringlichen Bildern deutlich. *Dein Licht wird hervorbrechen wie die Morgenröte.* Das könnte auch für einen amerikanischen Präsidenten verlockend sein. Schließlich bestimmt die Sehnsucht nach Anerkennung das Tun vieler Menschen. Das ist nicht zu kritisieren. Aber allzu oft ist der dazu eingeschlagene Weg falsch. *Deine Heilung wird schnell voranschreiten.* Wäre das nicht verlockend für die durch den 11. September 2001 tief verwundete amerikanische Nation? Vielleicht, füge ich schmunzelnd hinzu, müsste man im Blick auf Amerika statt von der nie versiegenden Wasserquelle von der nie versiegenden Ölquelle reden, um auch die Texaner zu überzeugen. Wichtig ist mir beim Hören auf Jesaja vor allem: Er kann wirklich lohnende Ziele benennen. Was wären die wirklich lohnenden Ziele, die uns überzeugen könnten?

Aber reden wir nicht über Amerika, reden wir über uns. Wir gehören zu den Reichen. Wir gehören zu denen, die die Regeln unserer Marktwirtschaft einhalten und mit dem Teilen Schwierigkeiten haben. Die Posaunen blasen in unser Ohr. Der Text richtet sich nicht an andere. Wir stecken mittendrin in der Tretmühle des Alltags. Das Tempo der Entwicklung unserer Welt hat sich so beschleunigt, dass uns die Zeit zum Aufatmen fehlt. Wir merken gar nicht mehr, was mit uns vorgeht. Wir gehören zu einer der reichsten Nationen der Erde und sind doch nicht glücklich. Wir sind von der Angst getrieben, dass dieser gigantische Betrieb Weltwirtschaft zusammenbrechen oder unseren Planeten zerstören könnte. Wie soll es weitergehen? Jedenfalls nicht ohne Schwierigkeiten, ohne Durststrecken. Wenn wir auf dem Weg der Gerechtigkeit gehen, dann wird eins anders sein: Dann wirst du, der den Hungrigen seine Seele hingegeben hat, erfahren, dass *der Herr dich immer leiten wird und im dürren Land deine Seele sättigen. Deine Gebeine wird er stärken. Du wirst ein bewässerter Garten sein, wie ein Quell, dessen Wasser nie versiegt.*

Jesaja nimmt mit seinen Bildern unsere Sehnsucht nach Leben auf. Noch schmerzen uns die eigenen Wunden, die uns das Leben geschlagen hat. Indem wir uns aber den Sorgen der anderen zuwenden, heilen die eigenen Wunden. Wie oft fragen wir uns angesichts des Elends dieser Welt, wo denn Gott sei. Wenn wir uns den Entrechteten zuwenden, dann wird er nahe sein. *Dann wirst du rufen und der Herr wird antworten, du wirst um Hilfe schreien und er wird dir antworten.* Hier geht es nicht um Leistungen, die wir erbringen sollen, damit wir hinterher belohnt werden. Es geht nicht darum, dass wir unser Buch der guten Taten füllen. Es geht um die Frage, wie unser Leben schön, wie es ein erfülltes Leben werden kann. Es geht nicht um den Reichtum des Habens, den wir uns langfristig sichern, wenn wir jetzt ein bisschen abgeben. Es geht um die Fülle des Seins. Es geht um den Reichtum an Leben, den wir geschenkt bekommen, wenn wir das Elend des anderen wahrnehmen und dem Hungrigen unsere Seele hingeben, wenn wir die gedemütigte Seele sättigen. Jesaja will uns um unseres eigenen Glückes Willen auf den Weg der Gerechtigkeit locken.

Visionen gegen die Realität. Können sie etwas verändern? Wenn ich denke, wie arm wir an Visionen sind, mehr noch, wie arm wir sind an Erfahrungen, an denen sich Visionen fest machen können, dann finde ich: Wir sollten es wenigstens versuchen. Anhalten im Hamsterrad und eine Besinnungspause einlegen. Damit rückt der Ärger über den missbrauchten Sabbat noch einmal in ein völlig neues Licht. Das Hauptproblem ist wohl gar nicht, dass die Israeliten Gottes Gebot übertreten und seine Anweisungen über den Sabbat und das rechte Fasten missachten. Nicht der Ungehorsam gegenüber seinen Anweisungen ist der Grund für seinen Zorn. Es geht auch nicht um Bestrafung für Fehlverhalten, wenn Gott ferne ist, nach dem Motto, wenn du nicht brav bist, sperre ich dich in den Keller ein. Es geht darum, dass wir uns selber betrügen, wenn wir diesen Tag der Gerechtigkeit, dieses Fest im Alltag missbrauchen. Denn dieser Tag soll uns die gute Erfahrung vermitteln, dass Gottes Gerechtigkeit, dass gemeinschaftsdienliches Verhalten wirklich Leben in seiner ganzen Fülle möglich macht.

Ja, der Sabbat ist uns von Gott geschenkt, damit wir in dieser scheinbar heillosen Welt voller Ungerechtigkeiten, trotz des Elendes und der Armut um uns her, trotz Arbeitslosigkeit und Einsamkeit, gewissermaßen als Vorwegnahme der uns versprochenen Welt, eine Welt, eine Atmosphäre erleben können, die so ist, wie sie in Gottes Welt sein sollte. Der Sabbat ist ein Stück vorweggenommenes Himmelreich auf Erden, wenn wir ihn richtig feiern. Wenn wir ihn aber zupacken mit den Gewohnheiten des Alltags, wenn wir auch an diesem Tag Zank, Streit und Ausbeutung weitergehen lassen, wenn wir nicht wenigstens in dieser Ausnahmesituation der Gerechtigkeit Gottes unter allen Menschen Raum zu geben versuchen, dann betrügen wir uns selbst um eine lebensnotwendige, eine neues Leben eröffnende Erfahrung. Dann können wir die Frage, ob die Versprechen des Jesaja nicht leere Versprechungen sind, nie aus eigener Erfahrung beantworten. Ja, wir betrügen dann nicht Gott, wir betrügen uns selbst. Und das gilt für uns heute uneingeschränkt eindringlich. Wer in einer Welt, in der die Zeit scheinbar jeden Tag schneller vergeht, die Pausen zum Aufatmen, die Zeit für die Seele, die Zeit für das offene Miteinander, die Zeit für Lachen und Weinen, wer diese Zeiten alle streicht, wird vertrocknen und bald am Ende sein. Wer sich aber Zeit für diesen scheinbaren Luxus nimmt, wird sein *wie ein bewässerter Garten, wie ein Quell, dessen Wasser nie versiegt.*

Wer zu spät kommt

I

Wer zu spät kommt, den bestraft das Leben. Dieser Satz ist zu einem geflügelten Wort geworden. Was Michael Gorbatschow damals, am Vorabend des 40. Jahrestag der DDR wirklich gesagt hat, werden wir wohl nicht mehr erfahren. Was er seinen Genossen in Berlin sagen wollte, ist klar: Was ihr nicht sehen wolltet, wird euch jetzt das Leben lehren. Die Entwicklung ist längst über euch hinweggerollt. Zu diesem Zeitpunkt ist der Zerfall der DDR längst im Gang, die Jubelfeier am 7. Oktober eine Geisterveranstaltung. Zu spät für die Erneuerung der DDR. Zu spät für Reformen. Die Implosion der DDR stand unmittelbar bevor, die friedliche Revolution war längst in den Startlöchern. Es gibt ein ZUSPÄT. Das ist menschliche Erfahrung. Das wurde politische Erfahrung: Wer zu spät kommt, den bestraft das Leben.

Das Leben kennt diese Geschichten vom ZUSPÄT. Nur ganz selten sind es schöne, sind es Glücksgeschichten. Da ist zum Beispiel die Geschichte vom Zu-spät-Kommen mitten im Unglück. Die verpasste Maschine, die dann abstürzt. Das verpasste Frühstück im Welthandelszentrum in New York am 11. September. »Wie gut, dass ich verschlafen hatte, sonst wäre ich auch in einem der Türme gewesen.« Die meisten Geschichten vom ZUSPÄT sind traurige, uns ermahnende Geschichten. Oft sind es die verpassten Gelegenheiten, die uns drücken. Rote Lichter eines Zuges, den ich beinahe noch bekommen hätte. Das ist korrigierbar. Ich nehme einfach den nächsten. Dann muss ich vielleicht meine Pläne ändern. Aber wer weiß, wozu es gut ist. Andere verpasste Gelegenheiten verfolgen uns ein Leben lang. Und nicht immer kann man sie so heiter nehmen, wie Eugen Roth:

Ein Mensch, der beinah mit Gewalt
auf ein sehr hübsches Mädchen prallt,
ist ganz verstört, er stottert, stutzt
und lässt den Glücksfall ungenutzt.
Der Mensch übt nachts sich noch im Bette
wie strahlend er gelächelt hätte.
Was nützt der Geist, der aufgespart,
löst ihn nicht Geistesgegenwart.

Verpasste Gelegenheit, zu spät. Je älter ich werde, desto öfter denke ich: Dafür ist es jetzt zu spät. Kinder werden wir jetzt nicht mehr bekommen. Bloß gut, dass wir drei fröhliche Kinder haben. Jetzt können wir auf Enkelkinder warten. Und französisch werde ich nun wohl auch nicht mehr lernen. Aber da mahnt meine Frau schon: »Warum eigentlich nicht?« Manchmal ist die Rede vom ZUSPÄT auch vorauseilende Resignation. Das Leben hält, man glaubt es kaum, auch angenehme Überraschungen bereit, wenn wir die Chancen denn wahrnehmen, die es uns bietet. Dann tut Ermutigung gut. Es ist nie zu spät. Aber so einfach ist das nun auch wieder nicht, nach dem Muster: Du musst nur wollen, dann geht es schon.

Neulich waren wir bei einer Beerdigung. Schwierige Familienverhältnisse. Der Sohn hatte sich das Leben genommen. Ein Blumenmeer war da wie sonst selten. Zu spät, dachte ich. Hättet ihr ihm die Blumen zu Lebzeiten geschenkt, würden wir vielleicht jetzt nicht hier stehen. Aber wer hat schon die Ermahnung an die Lebenden wahrgenommen, die aus dieser Blütenfülle sprach? Zu oft höre ich den Satz am Sterbebett: »Ich wollte ihm doch noch so viel sagen.« Es gibt ein ZUSPÄT, das endgültig ist, nicht korrigierbar. Dann werden die ZUSPÄT-Geschichten selbst zu Ermahnungen: *Herr, lehre uns bedenken, dass wir sterben müssen, auf dass wir klug werden. (Psalm 90, 12)*

Die Bibel erzählt auch Geschichten vom ZUSPÄT. Ermutigung und Ermahnung. Immer eine Provokation, die erfülltes Leben herausfordern will, wo Gleichgültigkeit und Resignation sich breit machen wollen. Wer zu spät kommt, den bestraft das Leben. Das ist das Motto dieser Welt. Die Bibel hält dagegen.

II

Eine Beispielgeschichte vom Himmelreich. Mitten aus dem Alltag. Keine alltägliche Geschichte. Eine Geschichte von Gelegenheitsarbeitern, untere soziale Schicht, und einem Weinbergsbesitzer, reich also, Oberschicht. Eine Geschichte von damals, gewiss. Aber eine Geschichte mit arm und reich, Besitzenden und Habenichtsen, das gibt es noch heute. Und auf den ersten Blick eine Geschichte über die Verteilung von Arbeit. Da tun sich die Ohren auf. Die gerechte Verteilung von Arbeit ist noch heute eine ungelöste Aufgabe.

Denn das Himmelreich gleicht einem Hausherrn, der früh am Morgen ausging, um Arbeiter für seinen Weinberg einzustellen. Und als er mit den Arbeitern einig wurde über einen Silbergroschen (Denar) als Tagelohn, sandte er sie in seinen Weinberg. Und er ging aus um die dritte Stunde und sah andere müßig auf dem Markte stehen. Und sprach zu ihnen: Geht ihr auch in den Weinberg; ich will euch geben, was recht ist. Und sie gingen hin. Abermals ging er aus um die sechste und um die neunte Stunde und tat dasselbe. Um die elfte Stunde aber ging er aus und fand andere und sprach zu ihnen: Was steht ihr den ganzen Tag müßig da? Sie sprachen zu ihm: Es hat uns niemand eingestellt. Er sprach zu ihnen: Geht ihr auch in den Weinberg. (Matthäus 20, 1-7)

Soweit ist dies eine ziemlich alltägliche Geschichte. Menschen tragen ihre Arbeitskraft zum Markte. Als wenn sie eine Ware wäre. Daran haben wir uns gewöhnt. Wer stößt sich schon noch an dem Wort Arbeitsmarkt. Die Tagelöhner jedenfalls stehen jeden Tag da und warten darauf, dass ihnen jemand Arbeit anbietet. Sie sind die Ärmsten der Armen. Ständig sind sie in Sorge, ob jemand kommt und ihnen Arbeit anbietet, wenigstens für einen

Tag. Wer nichts verkaufen kann, kann sich nichts kaufen. Zu Hause wartet die Familie auf den bescheidenen Verdienst. Dieses ständige Leben in Unsicherheit geht an die Nerven. Heute haben sie Glück. Der Weinbergbesitzer hat genug Arbeit in seinem Weinberg. Er nimmt sie alle. Es hat sich gelohnt, früh aufzustehen. Der Arbeitsvertrag ist schnell gemacht. Der angebotene Lohn ist anständig. Man kann davon leben, wenn auch bescheiden. Ein fairer Vertrag. Das ist schon damals nicht selbstverständlich. Der Markt regelt die Preise. Der Weinbergbesitzer hätte die Situation der Tagelöhner auch ausnutzen können, um die Preise zu drücken. Schließlich sind die ja auf Arbeit angewiesen. Das ist die erste gute Nachricht unseres Textes: Es gibt auch noch faire Arbeitgeber.

Mindestens jeden Monat, wenn die neuen Zahlen in der Arbeitslosenstatistik bekannt gegeben werden, strahlt das Fernsehen die Bilder von Wartenden auf dem Arbeitsamt aus. Der Markt von damals hat sich in das Arbeitsamt verlagert. Doch der Unterschied ist gravierend. Kaum noch jemand geht auf das Amt in der Hoffnung, wirklich Arbeit zu bekommen. Diese Hilflosigkeit, dieses Warten auf Arbeit ist demütigend. Es geht schon längst nicht mehr nur um das Geld. Hier geht es um die Würde des Menschen. Eine Frau hat mir neulich erzählt, sie wolle gar nicht mehr Geld. Sie wäre auch mit dem zufrieden, was sie jetzt als Arbeitslosenunterstützung bekommt. Sie wolle einfach nur Arbeit. Endlich wieder etwas Sinnvolles tun und ihren Lebensunterhalt durch eigene Arbeit verdienen. Es sind längst nicht mehr nur die Schwachen, die da auf Arbeit warten. Sie sind schwach gemacht, kaputt gespielt von dieser gnadenlosen Leistungsgesellschaft, die den Titel soziale Marktwirtschaft nicht mehr verdient.

Ob es damals auch schon derart Gedemütigte gab? Die Hoffnung jedenfalls, gleich am Morgen Arbeit zu bekommen, scheint auch damals nicht sehr groß gewesen zu sein. Viele hatten diese Hoffnung wohl aufgegeben. Jedenfalls kamen sie gar nicht erst am Morgen. Ob es andere Gründe gab, dass sie erst später auf dem Marktplatz erschienen, wissen wir nicht. Aber in unserer Geschichte ist die Sorge um Arbeit unberechtigt. Der Weinbergbesitzer hat genug Arbeit. Das ist die zweite gute Nachricht unseres Textes: Es gibt offenbar genug Arbeit.

Das glaubt heute keiner mehr, jedenfalls wenn es um bezahlte Arbeit geht. Die Halbierung der Arbeitslosigkeit mag ein Wahlkampfschlager gewesen sein. Die Erfahrung steht dagegen. Zu lange ist der wirtschaftsliberale Glaubenssatz verbreitet worden: Wir brauchen nur die Wirtschaft anzukurbeln, dann löst sich das Arbeitslosenproblem von allein. Wenn die Reichen nur reich genug sind, dann werden sie schon Arbeiter einstellen. Diese Ideologie löst kein Problem. Sie verstärkt nur die Abhängigkeit der Politik von der Wirtschaft. Aber das Kapital hat kein soziales Gewissen. Die Börsenkurse steigen, wenn Personal, wie es so verharmlosend gesagt wird, »freigesetzt« wird. Was für ein Missbrauch des Wortes Freiheit.

Andererseits: Es gibt so viel zu tun. Die Arbeit liegt ja auf der Straße. Die Arbeit haben, sind oft überlastet. Nur für die Arbeit, die auf der Straße liegt, fehlt der Arbeitgeber, der diese Arbeit bezahlen würde. Das ist ein Zukunftsproblem unserer modernen Welt, nicht aber das Problem in unserer Geschichte. In ihr kommt der Arbeitgeber immer wieder auf den Markt. Und er nimmt sie alle. Die Tagelöhner fragen gar nicht mehr nach dem Lohn. Hauptsache Arbeit. Oder ist die Sache vielleicht ganz anders? Sind sie vielleicht gar nicht so spät auf den Markt gekommen, weil sie keine Hoffnung hatten, Arbeit zu finden? Vielleicht sind sie ja bloß zu faul zu arbeiten. Der Vorwurf liegt nahe, mindestens doch bei denen, die erst am späten Nachmittag zur Arbeit kommen. Ob er auch von den Frühaufstehern im Weinberg erhoben wird? Schließlich haben sie schon einige Stunden gearbeitet, bis die anderen endlich kommen. Das Getuschel kann man sich schon vorstellen. Erzählt wird davon noch nichts. Abgerechnet wird ja am Schluss, werden sich die Fleißigen denken. Dann wird sich schon herausstellen, dass Leistung sich lohnt.

Kürzlich hat mir jemand von einer Unternehmertagung erzählt. Ein bekannter Politiker war zum Vortrag geladen. Das Thema Arbeitslosigkeit kam zur Sprache. Der Grundtenor der Rede: Wer leistungsbereit ist und sich um Arbeit bemüht, der bekommt auch welche. Die Arbeitslosen sind bloß zu faul zu arbeiten. Anbiederung der Politik an gängiges Vorurteil. Damit kann man Punkte machen. Wer zu spät damit anfängt, verliert Wahlen. Auf den Neid der Besitzenden kann man sich verlassen.

Mich hat erschüttert, dass dieses Vorurteil noch immer in den Köpfen steckt, die es eigentlich besser wissen müssten. Wie kaputt ist unsere Welt nur, dass wir das Elend des anderen nicht mehr wahrnehmen, mehr noch, dass wir ihre Nöte mit Füßen treten, indem wir die betroffenen Menschen in eine Ecke stellen, in die sie nun wirklich nicht gehören. Wenn diese Menschen die sozialen Leistungen in Anspruch nehmen, die ihnen nach dem Gesetz zustehen, dann werden sie noch global unter den Verdacht des so genannten Sozialmissbrauchs gestellt. Sozialschmarotzer heißt das Schlagwort geballter Arroganz der Reichen. Es mag ja Menschen geben, die diese Gesetze zu ihrem eigenen Vorteil unberechtigt ausnutzen. Das gibt es leider überall unter den Menschen. Warum aber stehen da die Schwachen am Pranger? Warum sieht man nicht den Missbrauch staatlicher Leistungen bei den Reichen, bei denen es meist um viel größere Beträge geht. Mit Gerechtigkeit hat das doch nichts mehr zu tun.

Dass der Weinbergbesitzer kurz vor Feierabend noch einmal auf den Markt geht, ist eigentlich sinnlos. Viel können die letzten im Weinberg sowieso nicht mehr ausrichten. Die müssen wirklich selber sehen, wie sie zurechtkommen. Wer zu spät kommt, den bestraft das Leben. Das kennen wir ja nun. Wer den Tag verschläft, der hat nichts mehr zu erwarten. Oder sind die letzten, die da müßig herumstehen, schon so resigniert, dass sie es nicht einmal mehr ernsthaft versuchen? Wer nicht kämpft, hat schon verloren, sagen wir heute. Und die Schar der Verlierer wird immer größer. Die Kraft zum Kämpfen ist erlahmt. Wer kümmert sich eigentlich um die Resignierten? Warum haben eigentlich in unserer Welt alle die nichts mehr zu melden, die in dem immer härter werdenden Wettbewerb nicht mehr mitkommen? Der Weinbergbesitzer in unserer Geschichte nimmt sich auch der Resignierten an. Das ist die dritte gute Nachricht in dieser nun doch schon nicht mehr ganz alltäglichen Geschichte. Für den Weinbergsbesitzer gibt es offenbar kein ZUSPÄT, solange die Sonne nicht untergegangen ist.

Mir kommt eine Frau in den Sinn. Sie war neulich bei mir, kaum älter als 50. Verzweifelt erzählt sie mir, wie sie unzählige Bewerbungen geschrieben hat. Nichts als Absagen. Ich bin zu alt. Mich braucht keiner mehr. Wozu soll ich eigentlich noch leben? Ich hatte eine gute Ausbildung in der DDR. Aber die wurde nach der Wende nicht anerkannt. Man behandelt uns, als hätten wir schon vor Jahrzehnten wissen müssen, dass die Einheit kommt, und uns nach westdeutschem Recht ausbilden lassen müssen. Manchmal habe ich den Eindruck, sagt sie, als würden wir heute dafür bestraft, dass wir damals nicht in den Westen abgehauen sind.

Was soll ich gegen diese Hoffnungslosigkeit setzen? Für diese Frau scheinen alle Hilfsangebote zu spät zu kommen. Selbst wenn sie jetzt eine Umschulung machen würde, wer nimmt schon eine Frau von Mitte fünfzig. Selbst die jungen Leute haben es ja schwer, nach ihrer Ausbildung eine Arbeit zu bekommen. In unserer Gleichnisgeschichte gibt es kein ZUSPÄT. Wie schön wäre eine Welt, in der es kein ZUSPÄT gibt, in der jeder seine Chance hat. Das wäre der Himmel auf Erden.

Aber wir haben noch nicht den Himmel auf Erden. Wer diese Geschichte heute hört, kann nicht vorbei an der großen Not ständig steigender Arbeitslosigkeit. Es gehört zur Würde eines Menschen im arbeitsfähigen Alter, seinen Lebensunterhalt durch eigene Arbeit verdienen zu können. Es geht nicht nur ums Geld. Es geht um die Frage eines menschenwürdigen Lebens. Für immer mehr Menschen aber geht diese Würde auf dem Weg zum Arbeitsamt verloren. Ist das wirklich eine unabänderliche Begleiterscheinung unserer auf Leistung ausgerichteten Marktwirtschaft? Wird die ständig wachsende Arbeitslosigkeit zum Naturgesetz unserer modernen Gesellschaft? Dann sind wir nicht auf dem Weg der Gerechtigkeit, auf dem Leben ist. In unserem Grundgesetz steht der schöne Satz: Eigentum verpflichtet. Sein Gebrauch soll zugleich dem Wohle der Allgemeinheit dienen. Aber ist dieser Grundsatz in unserer auf die Maximierung von Profit ausgerichteten Gesellschaft nicht längst auf der Strecke geblieben? Betrachten nicht die Besitzenden längst die Armen als eine Last, die man verdrängen möchte, damit man an der Besitzstandswahrung keine Abstriche machen muss?

Wer zu spät kommt, den bestraft das Leben. Schicksal. Selbst schuld, oder höhere Gewalt. In jedem Fall: Da kann man nichts mehr machen. Die Geschichte wäre eine nicht ganz alltägliche Geschichte von einem sozial eingestellten Arbeitgeber, wenn sie hier zu Ende wäre. Der gütige Gott, der für alle sorgt. Für ihn gibt es kein ZU-SPÄT, bevor die Sonne untergeht. Gut für die später Kommenden. Aber das ist erst der Anfang der Geschichte. Denn es ist mehr als eine nette Geschichte von einem gütigen Gott. Diese Geschichte ist eine Provokation. Man soll den Tag nicht vor dem Abend loben. Hören wir, wie es weiter geht.

III

Als es nun Abend wurde, sprach der Herr des Weinbergs zu seinem Verwalter: Ruf die Arbeiter und gib ihnen den Lohn und fang an bei den letzten bis zu den ersten. Da kamen, die um die elfte Stunde eingestellt waren, und jeder empfing seinen Silbergroschen. Als aber die ersten kamen, meinten sie, sie würden mehr empfangen; und auch sie empfingen jeder einen Silbergroschen. Und als sie den empfingen, murrten sie gegen den Hausherrn und sprachen: Diese letzten haben nur eine Stunde gearbeitet, doch du hast sie uns gleichgestellt, die wir des Tages Last und Hitze getragen haben. Er antwortete aber und sagte zu einem von ihnen: Mein Freund, ich tue dir nicht Unrecht. Bist du mit mir nicht einig geworden über einen Silbergroschen? Nimm, was dein ist und geh! Ich will aber diesem letzten dasselbe geben wie dir. Oder habe ich nicht Macht zu tun, was ich will, mit dem, was mein ist? Siehst du scheel drein, weil ich so gütig bin? So werden die Letzten die Ersten und die Ersten die Letzten sein. (Matthäus 20, 8-16)

Den Ärger hat sich der Weinbergbesitzer selber organisiert. Das hätte er nun wirklich einfacher haben können. Es ist ja sehr lobenswert, dass er so sozial eingestellt ist und jedem, gleichgültig wie lange er gearbeitet hat, einen Silbergroschen gibt, also so viel, wie er zum Leben braucht. Aber muss er denn nun noch alle verärgern, die länger gearbeitet haben als jene Müßiggänger, die erst kurz vor Feierabend gekommen sind? Hätte er zuerst die Arbeiter ausgezahlt, die seit dem Morgen gearbeitet haben und dann mit diskretem Abstand die jeweils später Gekommenen, dann wäre wohl jeder zufrieden nach Hause gegangen. Schließlich hatte man heute seinen Lebensunterhalt verdient. Keiner muss betteln oder hungern. Man hätte sich diese Aufregung wohl ersparen können. Aber offenbar will der Weinbergbesitzer diese Provokation. Sonst hätte er nicht ausdrücklich die Anweisung gegeben, zuerst die Letzten auszuzahlen. Durch diese Inszenierung ist die Frage nach der Gerechtigkeit gestellt. Der Streit ist beabsichtigt, wenigstens in der Beispielgeschichte, die Jesus uns erzählt.

Ich kann Ihnen versichern, wer sich so verhält, hat von Politik keine Ahnung. So verärgert man sich wirklich alle Leute. Wer jemanden vorziehen will, muss das unauffällig tun. Wenn die Presse das mitbekommt, ist der Skandal da. Es ist ja in jeder Gesellschaft so, dass man mit Beziehungen viel erreicht, notfalls auch mal, indem man jemandem Geld zusteckt, das ihm eigentlich nicht zusteht. Aber diskret muss es sein. Sonst kommt doch die ganze Grundphilosophie unserer Gesellschaft durcheinander.

Mir fallen Wahlplakate ein, auf denen stand: Leistung muss sich wieder lohnen. Bei der Partei dieser Grundmelodie hätte unser Weinbergbesitzer wirklich schlechte Karten. Die vom frühen Morgen an über die Hitze der Mittagszeit bis zum Abend im Weinberg gearbeitet haben, die können beim besten Willen nicht zu der Ansicht gelangen, dass ihre Leistung sich gelohnt hat, dass sie im Vergleich zu den anderen angemessen entlohnt worden sind. Unser Gefühl von Gerechtigkeit ergibt sich immer aus dem Vergleich. Wenn ich das Gefühl habe, im Vergleich zu anderen zu kurz gekommen zu sein, empfinde ich das als ungerecht. Die Geschichte muss darum für die besonders ärgerlich sein, die heute krampfhaft die Illusion in der Gesellschaft aufrechterhalten wollen, dass der Lohn in der Lohntüte tatsächlich das gerechte Entgelt für die erbrachte Leistung ist.

Diese Illusion haben viele längst verloren. Ich erinnere mich an eine Arbeiterin aus einem Schwermaschinenbauunternehmen in Magdeburg, das früher einmal viele tausend Menschen beschäftigte und schrittweise zusammengebrochen ist. Sie kam nach einer Demonstration gegen die Schließung ihres Unternehmens zu mir, packte mich am Arm und erzählte mit Tränen in den Augen, dass sie seit Jahren Angst um ihren Arbeitsplatz hatte, und nun, nach dem Konkurs des Unternehmens, wohl keine Chance mehr hat. »Nun werde ich wohl bald von Sozialhilfe leben«, sagte sie. »Warum werde ich bestraft dafür, dass die Manager so miserabel gearbeitet haben?« Was die Frau absolut nicht verstanden hat, die Manager sind mit Millionenabfindungen nach Hause gegangen. »Und wer sorgt für uns?« fragte sie. Ich stand diesen Fragen ziemlich hilflos gegenüber. Soll man nach solchen Fragen, die nach Gerechtigkeit schreien, über Arbeitsbeschaffungsmaßnahmen und Sozialprogramme reden?

Übrigens hätte sich unser Weinbergbesitzer mit dieser Haltung auch alle Sympathien bei den Gewerkschaften verdorben. Er richtet sich ja nicht einmal nach dem Prinzip »Gleicher Lohn für gleiche Arbeit«. Mit seinen Maßstäben setzt er sich zwischen alle Stühle in der heutigen Gesellschaft. Diese Geschichte ist eine Provokation. Und sie will es auch sein. Denn es geht ihr nicht in erster Linie um Lohn für erbrachte Leistung. Es geht ihr um Anerkennung. Es ist schwer, ohne Geld zu leben. Noch schwerer aber ist es, ohne Anerkennung zu leben. Woher aber bekommen die Menschen in unserer heutigen Leistungsgesellschaft Anerkennung, die dem Leben Sinn gibt und dem Menschen Würde verleiht?

Die Antwort der meisten heute lautet: Durch bezahlte Arbeit. Wer sie nicht hat, fragt sehr schnell: Wozu bin ich eigentlich noch nütze. Mein Leben ist nutzlos, sinnlos. Anerkennung bemisst sich allzu oft an der Höhe des Betrages in der Lohntüte. »Mehr Netto« heißt der entsprechende Wahlslogan, mit dem die nach Anerkennung hungernden Menschen gefangen werden sollen. Aber es wird nie genug sein. Die Maßstäbe sind falsch. Die Botschaft der Geschichte lautet: Gottes Maßstäbe sind anders.

Das ist allerdings weltfremd. In dieser Welt sind Höchstleistungen gefordert, wenn man im Wettbewerb mithalten will. Wer nicht Spitze ist, gehört zu den Verlierern. Das gilt nicht nur für den Einzelnen, das gilt auch für die Regionen und Nationen, die miteinander im Wettbewerb sind. Der Wirtschaftsstandort Deutschland ist in Gefahr, wenn wir nicht Höchstleistungen erbringen. Wenn wir heute eine Industrieansiedlung in unsere Region bekommen wollen, dann muss unser Leistungsangebot mit dem aus Hongkong oder Portugal mithalten können. Alles muss sich rechnen. Die Konkurrenz ist gnadenlos.

Und dieser aus dem wirtschaftlichen Wettbewerb entstandene Leistungsdruck scheint alle Sphären des Lebens zu durchdringen. Wer nicht so leistungsfähig ist, bleibt auf der Strecke. So werden immer mehr Menschen ausgegrenzt aus dem gesellschaftlichen Leben. Behinderte haben kaum noch eine Chance, einen Arbeitsplatz zu finden. Jugendliche, die keine überdurchschnittlichen Leistungen erbringen, suchen oft vergeblich nach einem Ausbildungsplatz. Viele geben die Hoffnung darauf schon in ihrer Schulzeit auf, verlieren die Lust am Lernen und erleben so erst recht, was sie befürchtet haben: Keine Perspektive. Woher sollen sie den Mut zum Leben nehmen, wenn ihre Eltern in den Fünfzigern selber gerade arbeitslos geworden sind und keine Chance mehr sehen, jemals wieder eine geregelte Arbeit zu bekommen.

Dabei geht es bei diesem Ausleseprozess noch nicht einmal nach Leistung. Es geht noch nicht einmal leistungsgerecht zu. Was kann ein leistungsbereiter und gut qualifizierter Arbeiter dafür, wenn sein Unternehmen durch Missmanagement in Konkurs geht und er auf der Straße steht. Was kann er dafür, wenn die Branche gerade in der Krise ist und darum seine Qualifikation nicht mehr gebraucht wird? Was soll eine Lehrerin tun, wenn wegen der Halbierung der Schülerzahlen, die wir im Osten Deutschlands gerade durchmachen, ihre Arbeitskraft nicht mehr gebraucht wird.

Die Welt, in der wir leben, ist so ganz anders als jene Welt, von der Jesus uns in dieser Beispielgeschichte erzählt, in der jeder gebraucht wird. Sie mögen sehr unterschiedlich sein, diese Tagelöhner. Man merkt es ja schon daran, dass sie zu so unterschiedlichen Zeiten da auf dem Platz stehen, Frühaufsteher und Langschläfer, Fleißige und Müßiggänger, Geschäftstüchtige und Träumer: Alle werden gebraucht. Wie schön wäre eine Welt, in der jeder das Gefühl hat, gebraucht zu werden. Wie viel menschengerechter wäre eine Welt, in der keiner das Gefühl hat, überflüssig zu sein. Das wäre sicherlich noch nicht der Himmel auf Erden. Und doch wäre diese Welt lebenswerter.

Dieser Traum mag weltfremd sein in einer Welt, in der die Sorge um die wirtschaftliche Entwicklung die größte

Aufmerksamkeit genießt. Der Glaube herrscht, die nächste Konjunktur heile alle Wunden. Nach diesem Glauben ordnen sich dann die Wichtigkeiten in Politik und Gesellschaft. Und jeder Einzelne wird davon angesteckt. Unsere Geschichte erzählt, dass Gottes Maßstäbe, dass die Wichtigkeiten in seinem Reich anders sind. Und sie will unsere Maßstäbe ändern. Darin allerdings steckt die Provokation.

Diese Provokation zielt nicht auf die spät Kommenden. Für die lautet die Botschaft: Es gibt immer noch eine Chance, auch wenn du glaubst, chancenlos zu sein. Bei Gott gibt es kein ZUSPÄT. Eine Provokation ist die Geschichte für die Frühaufsteher, die lange und fleißig gearbeitet haben. Sie denken, ihre Leistung müsse sich schließlich auszahlen. Leistung muss sich lohnen, die Besseren müssen auch besser belohnt werden. Aber in diesem Punkt werden sie enttäuscht. Der Weinbergbesitzer besteht darauf: Ich kann mein Geld verschenken, an wen ich will. »Was ärgert ihr euch, dass ich so gütig bin.« Um zu erklären, wie ärgerlich das wirklich ist, will ich eine Geschichte erzählen.

Es ist die Geschichte von einer Frau, die in der kirchenfeindlich eingestellten DDR den Weg in die Kirche vermieden hat. Sie wollte nicht auffallen, keine Schwierigkeiten bekommen. Sie liebte Musik und leitete jahrelang den Chor des sozialistischen Frauenbundes. Der sang in jedem Jahr zur Jugendweihe, natürlich auch in dem Jahr, in dem Peter, der Sohn des Kirchenvorstehers, seine Ablehnung zur Erweiterten Oberschule bekam, weil er nur Konfirmation machte und nicht zur Jugendweihe ging. Und er erinnerte sich noch, wie gerade diese Chorleiterin alle kirchlichen Weihnachtslieder aus dem Programm des Frauenchors gestrichen, manche sogar umgedichtet hatte, damit Gott und die Engel daraus verschwinden. Die Christen waren Relikte aus einer vergangenen, bürgerlichen Welt. Die Kirche würde aussterben. Das glaubte die Frau den Ideologen von damals. Doch dann kam alles anders.

Die Wende kam. Den sozialistischen Chor gibt es nicht mehr. Jetzt singt die Frau seit einigen Jahren im Kirchenchor mit. Sie ist ganz nett. Singt alle Kirchenlieder mit. Für die Stasi wird sie ja nicht gerade gearbeitet haben. Obwohl, man weiß nicht. Es gibt zu viele Wendehälse. Aber so etwas wie Kirchenmitgliedschaft auf Bewährung gibt es ja nicht. Da sind die Parteien konsequenter. Obwohl doch Kirche eigentlich Vorbild sein sollte. Aber es kommt noch schlimmer.

Der Kirchenchor sucht eine neue Leiterin. Da meldet sich die Frau. Peter ist empört, findet das unverschämt. Man kann doch die ganze Geschichte nicht einfach vergessen. Ein bisschen mehr Zurückhaltung wäre nun wirklich angebracht. Wir, denkt Peter, haben durchgehalten, die schweren Zeiten, haben uns nicht angepasst. Ich musste mein Abitur mühsam auf der Abendschule machen. Und obwohl ich eine Eins hatte, kam ich nur zur Fachschule. Die hat alles mitgemacht und will jetzt hier die erste Geige spielen. Gut, bestrafen muss man sie ja nicht gleich. Aber soll sich denn unser Widerstand gegen den Druck zu DDR-Zeiten gar nicht auszahlen?

Da sagt Gott einfach: »Was ärgerst du dich, dass ich so gnädig bin.« Ist das nicht ärgerlich? Ist das nicht ungerecht? Hat Gott die Frau etwa genauso lieb wie uns, die wir die ganzen Jahre unter der Bedrängnis der DDR-Zeit durchgehalten haben? Und jetzt scheint sie sich mit unserem Pfarrer noch besser zu verstehen als unser alter Kantor. Jetzt fängt der Pfarrer auch schon an, redet von Vergebung und solchen Sachen. Hat der denn vergessen, was das damals für Zeiten waren?

Ja, solche Geschichten gibt es, gerade wenn eine neue Zeit anbricht, sehr viele. Nach der Wende in der DDR könnte man unendlich viele solcher Geschichten auch von außerhalb der Kirche erzählen. Und mit Jesus ist auch damals eine neue Zeit angebrochen. Da wussten sicherlich viele, was für eine Provokation dieses Gleichnis ist. Die rechtgläubigen Juden in der christlichen Gemeinde schauten so auf die Heidenchristen. Und wenn man an Paulus, den Christenverfolger denkt, der dann in vielen Gemeinden die erste Geige spielen wollte, dann muss man sich wirklich fragen: Wird denn Treue bei Gott gar nicht belohnt? Gut für die spät Kommenden, aber eine Zumutung für die treuen Seelen.

Wer zu spät kommt... Die Fortsetzung des Satzes ist plötzlich nicht mehr so ganz einfach. Wer sich heute schon nach Gottes Maßstäben richten will, muss sich offenbar fragen, wie er mit den Menschen umgeht, die ihr Leben geändert haben. Der kann nicht so einfach und abfällig von den so genannten Wendehälsen reden. Gott freut sich besonders über die, die umkehren, die Buße tun, die von Irrwegen auf den Weg der Gerechtigkeit finden. Jesus erzählt immer wieder Geschichten davon. Die Geschichte vom verirrten Schaf, oder die vom verlorenen Groschen. Und immer wieder erzählt er diese Geschichten, um den Frommen klar zu machen, dass die Rechtgläubigen bei Gott keine Privilegien zu erwarten haben. Das mag für die, die sich zu den Frommen zählen, eine Zumutung sein. Für die anderen ist es die Chance zum Leben. Und darum, nur darum geht es Gott, dass jeder jederzeit die Chance zu einem glücklichen und erfüllten Leben hat.

Dazu brauchen die Menschen nicht nur einen gnädigen, Fehler verzeihenden Gott. Dazu brauchen sie auch einen gnädigen Nächsten. Dazu brauchen unsere Mitmenschen uns, Menschen, die bereit sind, sie in unsere Gemeinschaft aufzunehmen. Diese Zumutung, die Provokation dieser Geschichte soll uns zum Umdenken bringen, damit wir den anderen in unserer Gesellschaft eine Chance einräumen und uns nicht leiten lassen von Eifersucht, von dem Dünkel, besser zu sein, damit wir uns nicht leiten lassen von unseren Vorurteilen.

Mir fällt da eine Geschichte aus DDR-Zeiten ein, die unser Altbischof Demke einmal von einem Besuch beim Rat des Bezirkes Halle erzählt hat. Da waren die Funktionäre wieder mal dabei, sich bei ihm über alle ihnen unbequemen Menschen zu beklagen, die unter dem

Dach der Kirche Zuflucht gefunden hatten. Der Vorsitzende warnte: »Sie werden mit diesen Leuten, diesen schwarzen Schafen, große Probleme bekommen.« Das klang wie eine Drohung und war wohl auch so gemeint. Da schaltete sich, was selten genug passierte, einer seiner Mitarbeiter ein und sagte zu seinem Vorsitzenden: »Ach lass das doch, du weißt doch, dass die Kirche es immer mit den schwarzen Schafen zu tun hat. Das ist nun mal so, das musst du ihnen lassen.« Das war christliche Botschaft aus Heidenmund.

Ja, so ist es. Gott ist in die kaputten Typen verliebt. Er will jedem, sogar ihnen wieder eine Chance bieten. Bei ihm sind auf der Suche nach einem erfüllten Leben alle gleichberechtigt. Er macht keinen Unterschied zwischen denen, die schon lange dabei sind, und denen, die erst später hinzukommen. Wer da murrt, zieht sich den Zorn des Chefs zu. Ich habe euch gegeben, was ich euch versprochen habe. Murrt also nicht. Im Übrigen kann ich meine Gnade verschenken, wie ich will. Da habt ihr mir nicht reinzureden. Und Gott will, dass jeder am Ende ein glückliches Leben hat. Er lädt alle dazu ein, wie unterschiedlich sie auch sind. Er lädt sie ein, immer wieder und unermüdlich. Keiner soll beiseite geschoben werden. Keiner hat bei ihm Grund zu resignieren. Auf der Suche nach einem glücklichen Leben gibt es kein ZUSPÄT. Jeder bekommt seine Chance. Der Lohn ist ein ganzes, ein erfülltes Leben.

IV

Es gibt bei Gott kein ZUSPÄT. Schön wär's. Aber so einfach scheint die Sache doch nicht zu sein. Es gibt nämlich noch eine zweite Gleichnisgeschichte vom Himmelreich, da scheint alles anders zu sein. Da lautet die Moral: Wer zu spät kommt, der steht vor verschlossener Tür. Nichts mit gnädig und Fehler verzeihend. Diese Geschichte scheint der vorigen einen Strich durch die Rechnung zu machen. Kann sich denn jeder die Geschichte aussuchen, die ihm passt? Für alle Fälle etwas? Für mein Gefühl ist diese zweite Geschichte vom Himmelreich noch ärgerlicher als die vorige.

Dann wird das Himmelreich gleichen zehn Jungfrauen, die ihre Lampen nahmen und gingen hinaus, dem Bräutigam entgegen. Aber fünf von ihnen waren töricht und fünf waren klug.

Die Törichten nahmen ihre Lampen, aber sie nahmen kein Öl mit. Die klugen aber nahmen Öl mit in ihren Gefäßen, samt ihren Lampen. Als nun aber der Bräutigam lange ausblieb, wurden sie schläfrig und schliefen ein. Um Mitternacht aber erhob sich ein lautes Rufen:

Siehe, der Bräutigam kommt! Geht hinaus, ihm entgegen! Da standen diese Jungfrauen alle auf und machten ihre Lampen fertig. Die törichten aber sprachen zu den klugen: Gebt uns von eurem Öl, denn unsre Lampen verlöschen. Da antworteten die klugen und sprachen: Nein, sonst würde es für uns und euch nicht genug sein; geht aber zum Kaufmann und kauft für euch selbst. Und als sie hingingen zu kaufen, kam der Bräutigam; und die bereit waren, gingen mit ihm hinein zur Hochzeit, und die Tür wurde verschlossen. Später kamen auch die anderen Jungfrauen und sprachen: Herr, Herr, tu uns auf! Er antwortete aber und sprach:

Wahrlich ich sage euch: Ich kenne euch nicht. Darum wachet! Denn ihr wisst weder Tag noch Stunde. (Matthäus 25, 1-13)

Mitternacht. Geisterstunde, in der die Hexen auf dem Hexentanzplatz im Harz ihre turbulenten Kreise ziehen und auf ihren Besen durch die Luft reiten. Mitternacht, in der die Kobolde ihr Unwesen treiben und wundersame Geister wirken, die sich dem Zugriff des Menschen entziehen. Mitternacht, die Stunde, in der die Logik dieser Welt an ihr Ende gekommen ist. Mitternacht, diese Zeit ist keine Stunde irgendeines Tages. Sie ist das Ende der Zeit. Das gibt es. Nicht im kosmisch-physikalischen Gebäude unserer Welt, für das sich kein Modell findet mit Anfang und Ende. Wohl aber im Leben eines jeden Menschen und damit sehr real, existenziell. Mitternacht, ein Symbol für die an ihr Ende gekommene Zeit.

Noch ist es fünf vor zwölf, sagen wir, und drohen mit dem Ende der Zeit, die Ermahnung zu unterstreichen: Nutzt die kurze Zeit, die euch noch verbleibt. *Kaufet die Zeit aus* (Epheser 5,16). Oder, wie es der Psalmist betet: *Herr, lehre uns bedenken, dass wir sterben müssen, auf dass wir klug werden.* (Psalm 90,12) Eine Mahnung, das Leben vom Ende her zu bedenken. Ins Grab kannst du nichts mitnehmen, sagt der Volksmund. Und das sortiert die Wichtigkeiten. Was zählt am Schluss? Und was war nur nutzloses Beiwerk? Manchmal muss man erst todkrank sein, damit das Hamsterrad, in dem wir laufen, anhält. Sind alle Ermahnungen davor in den Wind gesprochen?

Es gibt kein ZUSPÄT in dieser Zeit. Aber es gibt ein Reich außerhalb dieser Zeit, in dem diese Rede zum ZUSPÄT keinen Sinn mehr macht. Es gibt ein End-gültig. Oder 'ungültig. Bleibt die Frage, ob diese Erkenntnis unser Leben bedroht oder bereichert. Aber die Vorstellung, unendlich lange auf dieser Erde zu leben, erweist sich sehr schnell als Horrorvorstellung. Also heben wir den Schatz, der in dem Wissen um die Posaune liegt, die um Mitternacht erschallt. Dazu offenbar ist unsere Geschichte erzählt. Und sie klingt eigentlich nicht wie eine christliche Geschichte.

Ich jedenfalls habe mich immer geärgert über diese Geschichte. Ist das Teilen nicht eine christliche Tugend? Und was heißt hier: Es reicht nicht für alle. Hat nicht Jesus mit fünf Broten und zwei Fischen 5 000 Menschen satt gemacht? Und die Egoistinnen, die nicht teilen wollen, ausgerechnet die dürfen in den Hochzeitssaal einziehen, während die anderen draußen bleiben müssen. Nein, das reimt sich nicht. Diese Geschichte passt so gar nicht in die Grundmelodie dessen, was ich im Evangelium lese. Hätte man die Geschichte nicht auch anders erzählen können, ohne die ärgerliche Passage über das Teilen?

Ich hätte diese Passage gern ausradiert. Bis ich bei den Traumdeutern gelesen habe, dass die ärgerlichen, nicht ins Konzept passenden, schwer zu deutenden Teile eines Traumes oft der Schlüssel zu seinem Verständnis sind. Das Ungewöhnliche, scheinbar Zufällige, der Fehler im System, die Ausnahme erfordert besondere Aufmerksamkeit, wenn man verstehen will, was gemeint ist. Die Informationstheoretiker wissen das. Das unwahrscheinliche Ereignis enthält die größte Information. Also habe ich weiter nachgedacht über diese Stelle. Was ist das Öl, von dem man genug haben muss, um die Hochzeit mitfeiern zu können? Wenn es nicht am guten Willen der fünf klugen Jungfrauen liegt, dass sie nicht abgeben, dann muss das Öl offenbar Symbol für das Unteilbare sein, von dem man dem anderen am Ende der Zeit nicht einfach etwas abgeben kann. Dann ist das Unteilbare wohl das, was am Ende ewiges, glückliches, erfülltes Leben ausmacht.

Ich sehe vor meinen Augen zwei Sterbende nebeneinander auf ihren Krankenlagern liegen. Ruhig und gelassen die eine. Sie hat so viel zu erzählen von den glücklichen Stunden und Tagen ihres Lebens, an die sie sich gern erinnert. Bald werden die Kinder kommen, und sie werden gemeinsam dankbar sein für all das, was sie erleben durften. Daneben der andere, atemlos, abgehetzt. Ich habe mein ganzes Leben gerackert. Immer Probleme. Die Scheidung. Die Kinder weg. Von meinem Ruhestand konnte ich noch nicht viel genießen. Wenn du, sagt er zur Nachbarin, wenn du mir doch ein bisschen was abgeben könntest von deinem glücklichen Leben. Aber das geht nicht. Beim besten Willen, es geht nicht. Selbst wenn ich dir davon erzählte, du würdest nur neidisch und noch unglücklicher werden. Die Kluft ist unüberbrückbar, nicht in der kurzen Zeit, die beide noch haben.

Das gibt es, Unteilbares. Aus ihm sind die Bausteine eines glücklichen Lebens gemacht. Der Dank für verschenkte Liebe und Zuneigung. Er lässt sich nicht einfach weiterleiten an den gleichgültig Unbeteiligten. Mein Freund erzählt von seiner gescheiterten Ehe. Nun hat seine neue Partnerin ihn in demütigender Weise vor die Tür gesetzt. Er tut mir leid. Ich habe für einen Moment ein schlechtes Gewissen, weil ich eine so glückliche Ehe habe. Aber ich kann ihm nichts davon abgeben, mag noch nicht einmal davon erzählen, um ihn nicht noch trauriger zu machen. Diese Seite meines Lebens wird, das weiß ich schon heute, wichtiger sein als mancher beneidete Höhepunkt meiner politischen Karriere. Und mit Schrecken denke ich daran, wie viele Politiker ihre Ehe in dem unmenschlichen politischen Geschäft zerrieben haben und am Ende vor einem Scherbenhaufen stehen.

Achtet mir auf das Unteilbare. Aus ihm sind die Bausteine für ein glückliches, erfülltes, gültiges Leben gemacht. Die guten Erinnerungen. Das wünsche ich meinen Kindern, dass jede Liebesbeziehung so ist, dass sie sich, selbst wenn sie zuende gehen sollte, gern daran erinnern. Nie diese Nacht, die nur einen faden Geschmack zurücklässt, dich verfolgt, und den Keim neuer Liebe zerfrisst. Sammle Erfahrungen, an die du dich gern erinnerst. Sie sind das Unteilbare, das das Tor zum Himmel öffnet, ganz am Ende, wenn es zu spät ist, Versäumtes nachzuholen. Je eher, desto besser: Vom Ende her denken, damit du sorgsam mit dem Unteilbaren umgehst, diesem Schatz, dem Öl für die Lampe beim Hochzeitsfest.

An der Paradiespforte des Magdeburger Doms stehen die zehn Jungfrauen. Die klugen je auf ihre Art erfüllt von überschäumender Freude. Wenn ich sie ansehe, wenn ich mit meinem Blick von Gesicht zu Gesicht gehe, kann ich über die vielen Möglichkeiten meditieren, sich zu freuen. Ihnen gegenüber sind fünf tieftraurige Gesichter, der ganze Schmerz der gefallenen Welt. Sie blicken alle über den Domplatz zur Staatskanzlei, in der ich acht Jahre gearbeitet habe. Sie schauen, als wollten sie die Politik lehren, besser darauf zu achten, was wichtig und was unwichtig ist. Ich habe manchmal von meinem Balkon zu ihnen geschaut und gedacht: Nein, das können wir nicht, das will ich auch nie mehr. Ich will nie mehr die Zeiten, in denen die Chefs von oben den Menschen vorschreiben, wie sie leben sollen und glücklich zu werden haben. Das muss schon jeder selber tun, sein Leben so gestalten, dass es ein glückliches erfülltes Leben wird. Da ist diese Geschichte eine Hilfe, weil sie uns lehrt, vom Ende her zu denken, und weil sie uns unterscheiden lehrt zwischen den wichtigen Bausteinen für ein glückliches Leben einerseits und andererseits dem nutzlosen Lärm, der leeren Geschäftigkeit und all den anderen oberflächlichen Dingen, mit denen wir unsere Unfähigkeit überspielen, uns den wesentlichen Dingen zuzuwenden. Vom Ende her denken schärft den Blick für das Wesentliche. Und achtet mir dabei auf das Unteilbare. Für das Sammeln dieses Schatzes gibt es ein ZUSPÄT.

Praxis der Freiheit

I

Für uns, die Nachkriegsgeneration im Osten Deutschlands, war er immer der Tag der Befreiung, jener 8. Mai. Wir hatten schulfrei. Ein geschenkter Feiertag, bis später für die freien Sonnabende eine Reihe von Feiertagen geopfert werden mussten. Da war dann auch der 8. Mai dran. Aber Tag der Befreiung blieb er. Wir hatten ja auch Befreier im Land, die, wie wir hörten, auch am 17. Juni 1953 mit Panzern unsere Freiheit verteidigt hatten. Der Tag der Kapitulation war eine Angelegenheit des Westens. Unser Staat DDR war wohl schon immer auf der Seite der richtigen Sieger. Das neue Nachdenken darüber begann erst zum 40. Jahrestag des Kriegsendes. Richard von Weizsäcker wagte es, ein Tabu zu brechen, und in seiner berühmten Rede im Deutschen Bundestag 1985 auch im Westen vom 8. Mai als einem Tag der Befreiung zu reden. Das war auch das Jahr, in dem ein paar Menschen im Osten Deutschlands im Zusammenhang mit den kirchlichen Gedenkfeiern ihr Schweigen brachen. Was sie tief in ihrem Inneren verborgen hatten aus Angst vor den Befreiern, brach hervor. Sie redeten erstmals über die Schrecken des Kriegsendes und den Einmarsch der Russen.

Diese Befreiung war in Ost und West nicht nach der Art, dass man sich gern daran erinnert. Zu schmerzlich waren die Fragen nach der eigenen Schuld, zu tief saßen die Schrecken des Krieges. Welche Verantwortung aus geschenkter Freiheit für die befreiten Menschen erwächst, ist auf beiden Seiten der uns seitdem trennenden Grenze zu wenig bedacht worden. Viel zu schnell hatten wir die Möglichkeit, uns als Opfer jener Befreiungsaktion zu fühlen, die wir als Deutsche allein nicht zustande gebracht hatten. Seit 1961 gab es dafür ein unübersehbares Symbol, die Mauer quer durch Deutschland und quer durch die fortan geteilte Stadt Berlin.

Das, so dachten wir, sollte 1989 anders werden. Die Kräfte der Befreiung vom zentralistischen System DDR wuchsen mitten unter uns. Zunächst war es der Wunsch nach Reisefreiheit. Die ersten Rufe auf den Leipziger Straßen hießen: »Wir wollen raus.« In der Sache war dieser Wunsch den DDR-Oberen vertraut. Er hatte die DDR zeitlebens begleitet. Neu daran war vor allem, dass die Ausreiseantragsteller sich mit Demonstrationen Gehör zu verschaffen suchten. Wirklich gefährlich wurde die Bewegung für die Machthaber erst, als Menschen sich die Freiheit nahmen zu rufen: »Wir bleiben hier.« Durchkreuzte dieser Ruf doch die Praxis der DDR, unbequeme Oppositionelle in den Westen abzuschieben. Folgerichtig meldeten sie denn auch ihren Machtanspruch an mit dem urdemokratischen Satz: »Wir sind das Volk.« Eine Befreiungsbewegung war geboren, gemeinsame Kraft gegen das Freiheit beschränkende Regime. Noch war kaum jemanden bewusst, dass da zwei völlig unterschiedliche Ziele aufeinander prallten. Freiheit durch Flucht und Freiheit durch Veränderung der Verhältnisse, Widerspiegelung der alten philosophischen Fragen: Freiheit – wovon? Und Freiheit – wozu?

Kaum jemand bemerkte, dass schon mit dem nächsten Satz, der den Herbst 1989 erfüllte, die Frage entschieden wurde, wer von den beiden Strömungen der Befreiungsbewegung die prägende Kraft werden würde. Er entstand freilich erst nach dem 9. November, den wir als Tag des Mauerfalls feiern. Noch fünf Tage vorher, als auf dem Berliner Alexanderplatz eine halbe Million Menschen demonstrierten, war davon nichts zu hören. Dieser Satz: »Wir sind *ein* Volk.« Er war die Wegbeschreibung, auf die sich eine große Mehrheit offenbar fast über Nacht einigen konnte: Die Gewinnung der Freiheit durch die Einheit, die Übernahme der westdeutschen Verhältnisse. Das war bereits, kaum jemand hatte es bemerkt, die Abgabe der Gestaltungsverantwortung an andere. Anpassungsdruck statt selbst gestalteter Freiheit. Die Weichen waren gestellt.

Ich musste an die wieder und wieder erzählte Geschichte von der Befreiung des Volkes Israel aus der Sklaverei in Ägypten denken. Die Israeliten hatten wohl auch die Hoffnung, dass der Befreiungsaktion aus dem Sklavenhaus alsbald das Leben im Gelobten Land folgen würde. Stattdessen folgten 40 Jahre Wüstenwanderung mit allen Mühen und Ängsten. Und immer wieder kam der Ruf nach dem starken Führer. Als dann Mose eine Zeit lang weg war auf dem Berg Sinai, kam es zum Tanz um das Goldene Kalb. Daran wurde ich auch erinnert, als im Herbst 1989 der neue Sprechchor aufkam: »Kommt die D-Mark nicht zu uns, gehen wir zur D-Mark hin.« Der Tanz um die D-Mark, ein Erpressungsmanöver all denen gegenüber, in Ost wie in West, die einer schnellen Vereinigung zögerlich gegenüber standen. Nicht die Gestaltung der Freiheit, sondern ein Leben in Wohlstand war bald nach dem Aufbruch das dominierende Ziel. Unterwerfung unter die Gesetze der Wohlstandsgesellschaft.

Aber die Begeisterung am 9. November 1989, als die Mauer sich öffnete, die war echt. Wildfremde Menschen fielen sich um den Hals. Trabis fuhren mit lautem Gehupe über den Kudamm in Berlin. Sektkorken knallten. Ausgelassene Freude. So ähnlich muss es gewesen sein, denke ich, als das Volk Israel durch das Rote Meer gezogen war und die Verfolger mit Ross und Wagen von den Fluten weggespült wurden. Die lang ersehnte Freiheit. Jahre danach fragt man sich, warum die Begeisterung dieser Tage so schnell verflogen ist, warum die Freude über die erlebte Befreiung so bald in den Mühen des Alltags untergeht. Könnte nicht die Erinnerung an diese Befreiungserfahrung Kräfte mobilisieren, Freiheit heute zu schaffen und zu bewahren? Was machen wir falsch? Worauf kommt es an, wenn es um die Praxis der Freiheit im Alltag geht?

II

Das ist das Thema der Zehn Gebote im alten Testament. Und wenn Sie jetzt verwundert sind, dann sagt das mehr über Ihren Konfirmandenunterricht und über die Auslegungsgeschichte der Zehn Gebote als über die ursprüngliche Botschaft dieser zehn Sätze der Freiheit, wie die Juden sie nannten. Denn als sie noch nicht in die Regeln von Luthers Kleinem Katechismus gegossen waren als die gesammelte Moral eines Christenmenschen, da atmeten sie noch den Geist der Freiheit, die ihre Entstehungsgeschichte bestimmte. Es waren dramatische Ereignisse damals am Berg Sinai. Mose auf dem Berg in den Wolken, wo Gott ihm die Hand führt, als er die zehn Sätze der Freiheit auf die Steintafeln schreibt. Das Volk unten, kopflos, schafft sich einen Götzen, das Stierbild, etwas, das sie zusammenhält, das sie anbeten, dem sie sich unterwerfen können. Und wenn Mose dann vom Berg herunterkommt und im Anblick dieses Tanzes ums Goldene Kalb die Tafeln mit den zehn Sätzen der Freiheit zerschlägt, dann ist es, als würde die Bewegung der Freiheit an der Unterwerfung der Menschen unter die materiellen Werte dieser Welt zerschellen. Ein halsstarriges Volk, sagt Gott, und ist wütend. Aber er lässt sich nicht unterkriegen. Er versucht es noch einmal. Er versucht es immer wieder, seinen geliebten Menschen die Regeln über die Praxis der Freiheit nahe zu bringen.

1 Und Gott sprach alle diese Worte:
2 Ich bin der Ewige, ich bin dein Gott, weil ich dich aus dem Lande Ägypten, aus dem Haus der Sklavenarbeit, herausgeholt habe.
3 Du sollst keine anderen Gottheiten haben vor mir.
4 Du sollst dir kein Kultbild machen, noch irgendeine Gestalt dessen, was im Himmel oben, was auf der Erde unten und was im Wasser unter der Erde ist.
5 Du sollst dich vor ihnen nicht beugen, noch sollst du für sie arbeiten, denn ich, dein Gott, bin ein eifersüchtiger

Gott nachgehend der Schuld von Vätern bei Kindern, Enkeln und Urenkeln derer, die mich hassen;
6 aber Freundlichkeit erweisend der ganzen Verwandtschaft derer, die mich lieben und meine Gebote bewahren.
7 Du sollst den Namen des Ewigen, deines Gottes, nicht zur Unwahrheit gebrauchen, denn der Ewige wird nicht für unschuldig halten, wer diesen Namen zum Schaden gebraucht.
8 Erinnere dich des Sabbattages, um ihn heilig zu halten.
9 Sechs Tage sollst du arbeiten und alle deine Werke verrichten.
10 Doch der siebente Tag ist ein Sabbat dem Ewigen, deinem Gott. Da sollst du keinerlei Werk verrichten, du und dein Sohn und deine Tochter, dein Sklave und deine Sklavin und dein Vieh und deine Fremdlinge, die sich in deinen Toren aufhalten.
11 Denn sechs Tage hat der Ewige den Himmel und die Erde geschaffen, das Meer und alles, was darin ist, aber am siebten Tag hat er geruht. Deshalb hat der Ewige den Sabbattag gesegnet und ihn geheiligt. (2. Mose 20, 1-11)

Das ist, wie man sagt, die erste Tafel der zehn Worte der Freiheit. Und sie beginnt mit einer Vorstellung, als hätte Gott die kritische Frage schon gehört, die jeder stellt, eine Moralpredigt abzuwehren: »Was hat der uns denn zu sagen!« Und er versucht es mit einer Erinnerung. »Ich bin der, der euch aus dem Sklavenhaus befreit hat.« Es ist, als wollte er hinzufügen: »Habt ihr denn die Freude schon vergessen, die ihr damals empfunden habt, dieses elementare Gefühl von Freiheit?« Weil es ihm um die Bewahrung und Gestaltung von Freiheit geht, redet er zu uns. Schließlich will er die ganze Befreiungsaktion nicht umsonst gemacht haben. Darum beginnt er mit dieser Vorstellung, einer Erinnerung.

Schließlich wissen wir doch alle, welche belebende Kraft von glücklichen Erinnerungen ausgeht, nicht nur im Blick auf den 9. November 1989. Am Ende eines wunderschönen Urlaubs beispielsweise, da hat man Schwung und Kraft und wünscht sich, dass diese frische Energie, dieser neue Lebensmut möglichst lange anhält. Wie viel mehr muss das gegolten haben, als die Israeliten durch das Rote Meer gezogen waren, heraus aus dem Sklavenhaus, die Feinde waren hinter ihnen im Wasser ertrunken. Das war ein Glück, das war ein Wunder. Dieses Gefühl der Freiheit soll für immer bleiben. Das jedenfalls wünscht sich Gott. Und die, die diesen Wunsch teilen, hören aufmerksam, was er sagt. Und dabei geht es zunächst um die Frage, wie wir für uns selbst die Freiheit, unser Leben zu gestalten, erhalten können.

Es ist aber gar nicht so leicht, das Gefühl der Freiheit, die Freude über die Befreiung und die Kraft, die daraus erwächst, zu bewahren. Das gilt nicht nur im Blick auf den Abend des 9. November, als die Mauer durchbrochen wurde, Sektflaschen knallten und die Menschen sich um den Hals fielen. Die Freude über die neue Freiheit, die damals gefeiert wurde, war ein paar Monate später schon verflogen. Da kam die Sorge um den Arbeitsplatz. Die Schließung von Betrieben. Die Marktwirtschaft, die bei uns Einzug hielt, mit ihrer Atemlosigkeit und dem gnadenlosen Wettbewerb, dem sich zu unterwerfen offenbar ein Grundgesetz marktwirtschaftlicher Freiheit ist. Empfunden wurde diese neue Gesellschaft von vielen im Osten schnell als eine Ellenbogengesellschaft, wo jeder vor allem für das Seine sorgt und argwöhnisch darauf achtet, dass der andere nicht besser dasteht. Und die im Westen wunderten sich, warum wir uns nicht mehr über die neu geschenkte Freiheit freuen.

Genau das ist das Thema, genau darum geht es Gott mit seinen zehn Weisungen. Er, die Kraft der Befreiung, der die Freiheit schenkt, ist daran interessiert, dass die Menschen dieses Geschenk der Freiheit bewahren und so leben, dass das beglückende Gefühl der Freiheit kein Ende hat. Er ist kein Moralist mit erhobenem Zeigefinger, der Forderungen aufstellt, Gehorsam verlangt und damit unsere Freiheit beschneidet. Nein, der Anfang ist die Überschrift. Wer diese Überschrift wegstreicht, beraubt die zehn Weisungen ihrer Grundlage. Da hat uns Luther keinen Gefallen getan, diesen Rahmen in seinem Katechismus wegzulassen.

Und das wiegt heute noch schwerer als früher. Denn das Argument: »Das macht man so«, dieses Argument allein zieht nicht mehr. In einer Zeit, in der höhere Instanzen eher skeptisch betrachtet werden, lässt sich Moral nicht einfach als gottgegeben verkünden. Was bringt mir das, fragen die Leute. Und für die allermeisten reicht da nicht das Argument: »Gott will das so.« Es gehört eine Geschichte dazu, eine Erfahrung, die vermittelt: Es ist gut so. Moral, die nicht abprallt an den Realitäten, die nicht als lästig beiseite geschoben werden soll, solche Moral muss plausibel sein. Darum die Erinnerung an die Geschichte der Befreiung. Nur unter dieser Überschrift lässt sich plausibel machen, warum die Zehn Gebote gut sind für mich, gut sind für uns.

Wir verbinden die Gebote immer mit Strafen, die gar nicht dastehen. Das hat vielleicht damit zu tun, dass die meisten von uns die Zehn Gebote im Zusammenhang mit dem kleinen Katechismus von Luther im Konfirmandenunterricht gelernt haben. Luthers Auslegung im kleinen Katechismus endet so: »Gott dräuet zu strafen alle, die diese Gebote übertreten; darum sollen wir uns fürchten vor seinem Zorn ...« Solche Drohungen haben sich tief in die Kinderseelen vieler Deutscher eingeprägt und bestimmen damit unser Verständnis von den Zehn Geboten. Aber aus Angst vor Autoritäten, aus Angst vor Strafe eingehaltene Regeln wären nicht wirklich Leitlinien zur Bewahrung von Freiheit. Mir scheint, was da als Strafe angedroht wird, ist weniger Strafe Gottes als Folge unseres Fehlverhaltens. Dann aber geht es nicht um Strafandrohung, sondern vielmehr um Hinweise auf das, was passieren wird, wenn wir diese Regeln achtlos beiseite schieben. Ein Beitrag zur Plausibilität, um Einsicht ringend: Das ist gut für dich. Das ist gut für uns.

Im Übrigen ist von derartigen Strafen eigentlich nur an zwei Stellen die Rede. Einmal beim Verbot, Gottes Namen zu schändlichen Zwecken zu gebrauchen. Gemeint ist falscher Eid, Zauber, Täuschung, Verführung unter Berufung auf den Namen Gottes. Mir fällt da auch die Benutzung zur Werbung ein, etwa wenn Parteien sich als christlich bezeichnen und damit den Eindruck erwecken, die Programme der anderen Parteien wären weniger christlich. Diese Stelle übersetzt Luther: Der Herr wird den nicht ungestraft lassen, der seinen Namen missbraucht. In unserer Übersetzung steht: Er wird den nicht für unschuldig halten, der seinen Namen zum Schaden gebraucht. Da geht es gar nicht so sehr um Strafe. Wer Gott für seine Zwecke instrumentalisiert, der wird Schaden anrichten, für andere und für sich selber.

Und was ist nicht alles an Schaden angerichtet worden im Namen Gottes. Kreuzzüge, Hexenverbrennungen. Das Schrecklichste, was wir in dieser Hinsicht erlebt haben, waren die beiden Weltkriege im vergangenen Jahrhundert. »Gott mit uns« auf dem Koppelschloss, und hinterher hatten wir Millionen von Toten und eine zerstörte Welt. Manche haben in diesem Zusammenhang von einer Strafe Gottes geredet. Ich habe oft, wenn wir am 16. Januar der Zerstörung unserer schönen Stadt Magdeburg im Jahre 1945 gedachten, daran erinnert, dass dies die Folge des von uns, von den Deutschen angezettelten Krieges war. Das Leid, das wir über andere gebracht haben, fällt auf uns zurück. Diese »Strafe« ist eine unmittelbare Folge der bösen Tat, keine Strafaktion Gottes.

Die andere Stelle ist die, wo vom eifernden Gott die Rede ist, der – wie es bei Luther heißt – »die Missetat der Väter heimsucht bis ins dritte und vierte Glied an den Kindern derer, die mich hassen«. Also doch Strafe und sogar über mehrere Generationen hinweg? Die Kinder und Enkel mit schuld für die Verfehlungen ihrer Väter und Großväter? Kollektivschuld über Generationen? Vorstellbar ist das schon. Diskutiert wurde es oft. Die Missetaten der Urgroßväter im zweiten Weltkrieg wirken nach bis heute. Aber nicht als Schuld der Nachgeborenen und Strafe. Vielmehr als Folge gemeinschaftszerstörenden Tuns.

Da ist Luther mit seiner Übersetzung näher dran. »Heimsuchen« übersetzt er. Das wird in der Bibel positiv und negativ verwendet. Wenn Gott sein Volk heimsucht, dann beseitigt sein Kommen auch ihre Nöte. Das ist wie eine Inspektion, eine Überprüfung, die auch negative Folgen haben kann. Aber wenn sie gut ist, hilft sie weiter. Es geht nicht um die Verfolgung einer Kollektivschuld, selbst bei den größten Verbrechen nicht. Sondern es geht um die Frage: Handeln die Kinder weiter wie ihre Väter, oder haben sie sich geändert. Dass Gott da sein Augenmerk auf uns hat, ist wohl nicht ganz unberechtigt, wenn ich daran denke, wie braunes Gedankengut und Ausländerfeindlichkeit immer wieder bei uns aufflackern und das Zusammenleben gefährden. Da geht es nicht um Strafe, sondern um die Sorge, dass das Fehlverhalten sich fortpflanzen könnte unter den Generationen, die miteinander leben.

Das Gegenstück ist die Aussage, dass die Freundlichkeit Gottes vielen gilt, Tausenden, der ganzen großen Verwandtschaft dort, wo Gutes getan wird. Gute Taten und Freundlichkeit sind etwas Ansteckendes. Dafür will Gott mit Sorge tragen. Das erinnert mich an ein Gedicht von Otto Heinrich Kühner, das ich Ihnen nicht vorenthalten möchte:

Pummerer, in morgendlich heiterer Ruh,
lächelt seinem Nachbarn Mommer zu.
Dieser, durch das Lächeln ebenfalls heiter,
gab es an den Straßenbahnschaffner weiter,
der an die kleine Verkäuferin, und die
an Dr. Müller Zinn, Facharzt für Psychiatrie,
dieser an Schwester Elke vom Kinderhort,
diese an die Toilettenfrau – und so fort.
So kam es schließlich irgendwann
abends gegen 6 Uhr am Schillerplatz an
bei einem im Augenblick traurig-tristen,
durch das Lächeln doch erheiterten Polizisten,
so dass der, als Pummerer den Verkehr blockierte,
den Verstoß nur mit einem Lächeln quittierte.

Ja, so ist das wohl auch mit der Freundlichkeit und der Strafe bei Gott. Es geht also nicht um die moralische Keule. Die wollte wohl auch Martin Luther in seinem kleinen Katechismus nicht auspacken. Das Thema der zehn Worte der Freiheit ist ein anderes. Hier spricht kein fordernder Despot. Die Kraft der Befreiung erhebt ihre Stimme. Gott hat sein Volk befreit aus dem Sklavenhaus. Nun kommt es darauf an, diese Freiheit nicht wieder zu verspielen. Wie man das schaffen kann, dazu gibt Gott seinem Volk Regeln. Und weil die Befreiungsaktion Gottes mit Jesus weitergegangen ist und nun aller Welt gilt, sind dies auch hilfreiche Regeln für uns. Wenn ich sehe, wie schnell wir gerade errungene Freiheiten wieder verspielen, dann sind diese Regeln wirklich eine Wohltat.

Trotzdem erstaunlich, welch breiten Raum die Sache mit den anderen Göttern und dem Kultbild einnimmt. Doch ein eifersüchtiger Gott? Aber ich habe gelernt: Eifersucht ist nur die Angst vor dem Vergleich. Und den braucht der befreiende Gott Abrahams wirklich nicht zu scheuen. Immerhin, etwa ein Drittel des Textes beschäftigt sich mit dem Verhältnis der Menschen zu Gott. Du sollst keine anderen Götter haben vor mir. Du sollst dir kein Kultbild machen. Warum sind diese Fragen so zentral, dass in die ganze Übergabe der Zehn Gebote an Mose und das Volk Israel mitten hinein noch die Geschichte vom Goldenen Kalb erzählt wird, als sollte diese Geschichte die zentrale Botschaft der Zehn Gebote noch einmal unterstreichen? Kein Götze soll sich schieben können zwischen mich und dich. Diese Götzen verlangen nämlich Unterwerfung, Unterwerfung unter ihre Spielregeln. Und solche Unterwerfung beraubt uns der Freiheit, die Gott uns geschenkt hat.

Es ist ernüchternd und erschreckend gleichermaßen, wie wenig wir Menschen offenbar mit geschenkter Freiheit anfangen können. Es ist, als sehnten wir uns, kaum entlassen, zurück ins Gefängnis. Sagt uns bitte, was wir wollen sollen. Führerlos geht es nicht. Ideologien sind zwar Zwangsjacken, aber ihre Vorgaben machen die Welt einfacher. Freiheit gestalten ist so anstrengend. Gott traut den Menschen offenbar mehr zu, als sie sich selber zutrauen. Kein Götze soll sich schieben zwischen dich und mich. Du sollst mein freier Partner bleiben, mein Ebenbild auf dieser Erde. Leicht gesagt, aber schwer getan.

Das gehört für mich zu den großen Enttäuschungen der Monate des Herbstes 1989 und des Frühjahrs 1990, wie schnell die Menschen ihren eigenen Gestaltungswillen verloren haben und nach Autoritäten riefen, die ihnen das Westgeld besorgen und die Einheit möglichst schnell machen. Und das bedrückt mich auch im Rückblick auf die letzten 12 Jahre am meisten. Schnell haben wir uns nach der Befreiung von der Ideologie des Sozialismus neuen Ideologien unterworfen. Ideologien, diesen modernen Götzen unserer Zeit. Ich sehe sie sitzen, die Funktionäre, die sich jetzt Manager nennen, dem Ministerpräsidenten gegenüber. Sie erzählen ihre Betriebsgeschichte bis zur Wende. »Und dann kam der Übergang von der Planwirtschaft zur Marktwirtschaft.« Ihre Augen machen deutlich, sie haben verstanden: Sie haben nur die eine Ideologie gegen eine neue ausgetauscht. Die neue Ideologie heißt jetzt Marktwirtschaft. Der Markt regelt alles. Rücksicht ist nicht angebracht, wenn man überleben will. Das Wort sozial vor dieser Marktwirtschaft wird lieber weggelassen, es könnte den Eindruck erwecken, man hinge doch immer noch alten sozialistischen Ideen an. Es ist wohl nach der Niederlage des Sozialismus auch im Westen nicht mehr so wichtig.

Dem neuen Götzen werden Opfer gebracht. In der Familie fängt es an. Im Osten werden nach 1990 nur noch halb so viele Kinder geboren wie früher. Sie stören, wenn man fit für den Markt sein will, ständig up to date und allgegenwärtig. Man sieht es auch an unbehausten Jugendlichen. Man sieht es an der sprunghaft steigenden Zahl von psychisch gestörten Menschen. Man spürt es an der wachsenden Angst, auf der Strecke zu bleiben und unter die Räder zu kommen. So verspielt man schnell die Freiheit, die Gott uns geschenkt hat.

Oder die andere Freiheit, endlich reisen zu können, wohin man möchte. Die Werbung hat sich darauf eingestellt. Und dann frage ich die Kinder: »Wo wart ihr im Urlaub?« Antwort: »In Ägypten.« - »Und was habt ihr gesehen?« - »Hotel und Strand. Und McDonalds.« Keine Begegnung mit den Menschen und den alten Kulturen dieses schönen Landes. Die Konsumgewohnheiten haben uns längst im Griff. So schieben sich viele Götzen zwischen Gott und die Menschen. Geld und Konsum, denen wir frönen und von denen die Werbung uns abhängig machen will. Medien ziehen uns in den Bann und entführen uns in eine Scheinwelt, die mehr Macht über uns bekommt als das ehrliche Wort des Nachbarn. Dagegen steht das Gebot »Du sollst dich vor ihnen nicht niederwerfen und ihnen nicht dienen«, das Gebot der Freiheit.

In diesem Zusammenhang steht noch das Gebot: Du sollst dir kein Bildnis machen. Warum will Gott keine Bilder, wie die anderen Religionen sie haben? Warum lässt er nicht mal einen Namen zu: Bei der Begegnung des Mose am brennenden Dornbusch sagt die göttliche Stimme: »Sage zu den Israeliten: ICH BIN DA hat mich zu euch geschickt.« Eine schwierige Antwort. Ein bisschen genauer hätten wir es schon ganz gern. Und so haben wir ihn, diesen Ich-bin-der-ich-bin oder Ich-werde-sein-der-ich-sein-werde, dann im Laufe der Geschichte Herrn, König und Richter genannt, Bilder von ihm in unsere Kapellen und Kirchen gemalt und Bilder in unseren Gedankengebäuden festgeschrieben. Wen wundert es also, wenn Gott in den Kinderherzen der alte Mann mit Bart ist, je nach Erfahrung mit dem eigenen Großvater, gut oder böse. Wen wundert es, wenn Gott zu einem alten Mann wird, dem der Lauf der Welt außer Kontrolle geraten ist.

Nein, das Bilderverbot soll uns daran erinnern, dass Gott anders ist, immer wieder ganz anders, als wir gedacht haben. Du sollst, so ermahnt uns das Gebot, immer wieder auf Überraschungen deines Gottes gefasst sein. Ich finde das herrlich, wie jemand mit großer Intensität beides sein kann, ganz verlässlich und immer wieder völlig überraschend. Man kann also jeden Tag gespannt sein, welche Überraschung Gott heute für uns bereithält. Er ist immer anders, nicht einzufangen in ein Bild oder eine Theorie und doch immer treu an der Seite derjenigen, die sich vertrauensvoll auf dieses Abenteuer Gott einlassen. Das ist Freiheit ohne Ende.

Um Freiheit geht es auch bei dem Gebot, den Sabbattag zu heiligen. Dabei ist für uns jetzt nicht wichtig, dass wir Christen den Sonntag als Feiertag haben. Ärgerlich ist bloß, wenn dieses Gebot reduziert wird auf die Pflicht, den Gottesdienst zu besuchen. Es geht ja um viel mehr. Die Erinnerung an den siebenten Tag der Schöpfung macht das deutlich. Gott ruhte von seiner Arbeit. Er freute sich an seiner Schöpfung. So hat das Leben seinen Rhythmus. So ist Zeit, sich zu besinnen und Gott zu loben. Wer ständig nur im Hamsterrad der Geschäftigkeit läuft ohne Pause und Besinnung, der läuft, bis er besinnungslos zusammenbricht.

Es gibt in unserer modernen Welt viele Argumente, rund um die Uhr zu arbeiten. Maschinenlaufzeiten, ohne die die moderne Technik nicht rentabel ist. Expertenwissen, das kein anderer einbringen kann. Der Konsumgenuss, dem wir auch am Sonntag frönen sollten. Dass dabei die Freiheit, ein glückliches Leben zu gestalten, auf der Strecke bleibt, Ehen und Familien kaputt gehen und Menschen krank werden, versuchen wir durch immer größere Geschäftigkeit zu übertünchen. Könnten wir doch begreifen, dass dieser Tag der Ruhe eine Wohltat Gottes ist, eine Wohltat für seine Schöpfung, keine Pflicht, kein Zwang, sondern ein Geschenk der Freiheit.

III

Nun kommt die Brücke zwischen den Geboten, in denen es um die Bewahrung der von Gott geschenkten Freiheit des einzelnen Menschen geht und denen, mit denen wir die Freiheit unserer Mitmenschen achten und schützen sollen:

Halte deinen Vater und deine Mutter in Ehren, damit du lang lebst auf dem Boden, den der Ewige, dein Gott dir gibt. (2. Mose 20, 12)

Da geht es zunächst um so etwas wie einen Generationenvertrag. Was du ihnen zuteil werden lässt, wird dann auch dir zuteil werden. Das könnte wie eine Drohung klingen, die Androhung einer Strafe, und es liegt doch in der Natur der Sache. Bei Johann Peter Hebel kann man lesen, wie ein Kind vom Vater mit zwei alten Lumpen zum Großvater ins Hospital geschickt wird. Das Kind hebt sich einen davon auf, um ihn später für den eigenen Vater zu verwenden.

Ich bin oft in Altenheimen. Viele von ihnen sind in den letzten Jahren neu gebaut und gut ausgestattet worden. Aber es ist nicht das Äußere, was die Lebensqualität der alten Menschen ausmacht. Ehren heißt mehr, als die materielle Versorgung im Pflegeheim sicherzustellen. Ehren heißt, ihnen im eigenen Leben den Platz einzuräumen, der ihnen gebührt. Zeit haben, zuhören, auch wenn man die Geschichte schon oft gehört hat.

Bei diesem Gebot ist mir übrigens deutlich geworden, was passiert, wenn man die Zehn Gebote von der Überschrift und den übrigen Weisungen Gottes trennt. Das ist ja in der christlichen Tradition geschehen. Entsprechend sind die 10 Gebote zu einer Art Zusammenfassung all dessen gemacht worden, was Gott von uns will. Das sind sie aber nicht. Sonst würden ja so wichtige Dinge wie die Liebe zum Nächsten und der Einsatz für die Schwachen, geradezu unverzichtbare Elemente für das Zusammenleben der Menschen, ganz in den Hintergrund rücken oder gar unter den Tisch fallen. Diese Reduzierung des Gotteswillens auf Zehn Gebote kommt sehr drastisch in einem Witz zum Ausdruck: »Kommt Mose vom Berg und sagt: Ich habe eine gute und eine schlechte Nachricht. Die gute: Er hat sich auf zehn runterhandeln lassen. Die schlechte: Ehebruch bleibt verboten.« Nein, der Dekalog ist nicht die Summe des Gotteswillens. Wer das glaubt, müsste auf Teufel komm raus versuchen, das, was fehlt, als nicht so wichtig hinzustellen oder einfach in den Text hineinzulesen.

Luther hat das bei dem Elterngebot getan, hineingelesen, was gar nicht da steht. Plötzlich sind da neben den Eltern auch die Herren, wenn Luther in seiner Erklärung zu diesem Gebot schreibt: »Wir sollen Gott fürchten und lieben, dass wir unsere Eltern und Herren nicht verachten noch erzürnen.« Da kommen dann die Lehrherren, Vorgesetzten, Könige und Kaiser, schließlich wird der Führer einbezogen und heute sogar demokratische Institutionen. So bekommt alles, was oben ist, Autorität von Gott. Welch unbiblischer und schlimmer Unsinn. Damit werden die zehn Worte der Freiheit geradezu in ihr Gegenteil verkehrt. Es geht nicht mehr um die Gestaltung der Freiheit, sondern um die Unterwerfung unter Autoritäten. Dann geht es um Gehorsam und nicht mehr um die Ehre der Eltern. Das ist ein Missbrauch des Elterngebotes. Dieses Elterngebot richtet sich ja nicht, wie man nach der Lektüre von Luthers Katechismus denken könnte, an die kleinen Kinder, sondern an Erwachsene, die dafür sorgen sollen, dass ihre Eltern im Alter einen ehrenwerten, einen menschenwürdigen Platz haben. Sie sollen dafür sorgen, damit auch sie in ihrem hoffentlich langen Leben solche Fürsorge genießen können.

Was nun in den zehn Worten der Freiheit folgt, sind Ermunterungen zu menschengerechtem Verhalten. Hatte die erste Tafel die Gefahren im Blick, mit denen wir selbst uns unserer eigenen, von Gott geschenkten Freiheit berauben, so richten diese Gebote den Blick auf menschliches Verhalten, das die Freiheit des Mitmenschen, des Nachbarn in der Gemeinschaft beschneidet. Die Freiheit des Einzelnen wird begrenzt durch die Freiheiten, die die anderen sich herausnehmen. Gott aber weiß, dass wir nur in Freiheit leben können, wenn auch Freiheit und soziale Sicherheit des jeweils anderen gesichert sind.

13 Du sollst nicht morden.
14 Du sollst nicht die Ehe brechen.
15 Du sollst nicht stehlen.
16 Du sollst nicht aussagen gegen deinen Nächsten als falscher Zeuge.
17 Du sollst nicht aus sein auf das Haus deines Nächsten. Du sollst nicht aus sein auf die Frau deiner Nächsten, weder auf deren Sklaven oder Sklavin, ihr Rind oder ihren Esel, noch auf irgendetwas, was deinem Nächsten gehört. (2. Mose 20, 13-17)

Die Verbote beinhalten keineswegs alles, was nach Gottes Willen unser menschliches Miteinander bestimmen soll. Viele wichtige Spielregel, über die die Bibel an anderen Stellen redet, kommen hier nicht vor, wie etwa die Fürsorge für die Fremden, der Einsatz für die Schwachen, die Feindesliebe. Die Gebote beschränken sich auf Spielregeln zwischen gleich starken Partnern, Bürgern, die Familie, Haus und Grundbesitz haben. Beim Tötungsverbot beispielsweise sind Fragen des Staates und also Fragen von Krieg und Frieden nicht berührt. Wer dazu Weisungen sucht, findet sie an anderen Stellen der Bibel. Das mag zunächst verwundern, denn die Friedensbewegung hat sich immer wieder auf dieses Gebot berufen. Aber die Frage der gerechten Kriege hätte sich ja gar nicht stellen können, wenn dieses Tötungsgebot uneingeschränkt Geltung hätte. Nein, wer über Krieg und Frieden nachdenken will, muss andere Stellen bemühen, zum Beispiel die über die Feindesliebe.

Und selbst beim Ehebruch geht es nicht um eine allgemeine Sexualmoral. Es geht um die Frage der mutwilligen oder aus einer Laune oder Begehrlichkeit heraus geborenen Zerstörung menschlicher Beziehungen. Die Frage, was man macht, wenn die menschlichen Beziehungen in einer Ehe kaputt – oder wie man heute sagt – zerrüttet sind, wird hier nicht beantwortet. Ein allgemeines Scheidungsgebot kann man aus diesen Sätzen nicht ableiten. Wohl aber die Mahnung: Achtet darauf, dass ihr mit der Freiheit, die ihr euch herausnehmt, nicht das Leben und die Freiheit eurer Mitmenschen zerstört. Es gilt eben nicht die Regel: Das ist Privatsache, das geht niemanden etwas an. Ich kenne zu viele Kinder, die schwer an der Trennung ihrer Eltern zu knabbern haben und darum mit ihrem eigenen Leben nicht mehr zurechtkommen. Das ist doch die Erfahrung bei so vielen Ehescheidungen, dass die Befreiung der Ehepartner voneinander zu einem Scherbenhaufen für die ganze dann zerbrochene Familie führt. Mich erinnert das an die Mahnung des kleinen Prinzen von Saint-Exupéry: »Du bist zeitlebens für das verantwortlich, was du dir vertraut gemacht hast.«

Das Gebot, du sollst nicht stehlen, hat sich in unseren Köpfen längst auf die Kleinkriminalität reduziert. Es wird vor allem von Besitzern von Supermarktketten ernst genommen. Sie drohen in ihren Läden, überall sichtbar, jeden Ladendiebstahl zur Anzeige zu bringen. Eine völlig andere Moral gilt bei denen, die das Begehren und Entwenden fremden Eigentums auf unternehmerischer Basis im Großen betreiben. Beim Steuerberater heißt es, die Ehrlichen sind immer die Dummen. Den Staat betrügen ist inzwischen zum Volkssport geworden. Dabei habe ich noch gar nicht davon geredet, wie wir Reichen den Armen in der Welt die Lebensgrundlagen stehlen, einfach dadurch, dass wir gnadenlos die weltweit geltenden wirtschaftlichen Mechanismen der Marktwirtschaft nutzen. Die Globalisierung wird da ihr übriges tun. Bei all unserem Wirtschaften und Produzieren steht doch überhaupt nicht mehr die Frage im Mittelpunkt: Was ist gut und nötig, was brauchen wir, damit wir glücklich und zufrieden miteinander leben können. Die Frage ist doch nur noch: Wie komme ich am effektivsten an das Geld meiner Kunden? Wie kann ich möglichst unauffällig zum Konkurs meines Konkurrenten beitragen. Der Einblick, den ich in den letzten Jahren in die Spielregeln der Wirtschaft erhalten habe, sind weit weg von dem: »Du sollst nicht begehren.«

Das Ergebnis solcher Marktwirtschaft, die nicht mehr fragt nach der Freiheit und nach größeren Verwirklichungschancen für die anderen am Markt beteiligten Partner, das Ergebnis einer solchen Marktwirtschaft ist schwindende Freiheit. Das Ergebnis ist nicht, wie die Propheten des Neoliberalismus meinen, eine größere Freiheit. Man merkt das an der wachsenden Angst, betrogen zu werden, zu kurz zu kommen, bestohlen zu werden. Nicht nur, dass immer teurere Sicherheitsanlagen geschaffen werden, um den Besitz der Reichen vor dem Zugriff der Armen zu schützen. Die Angst nimmt uns alle gefangen. Noch ein Sicherheitsschloss an die Haustür. Abends nicht mehr auf die Straße gehen. Sie können diese Serie beliebig fortsetzen. Der Traum von den freien Menschen, die sich an Gottes guter Schöpfung freuen können, wird so begraben.

Und es ist nicht nur die Freiheit der heute lebenden Menschen, die wir durch unsere Begehrlichkeiten begrenzen. Den Schuldenberg, den wir hinterlassen, den Raubbau, den wir mit unserer Natur betreiben, die Wasservorräte, die wir vergeuden, das Klima, das wir langfristig beeinträchtigen, all das beraubt unsere Kinder und Enkel ihrer Freiheiten, ihr Leben in der Zukunft nach eigenen Vorstellungen und Maßstäben zu gestalten. Du sollst nicht auf Kosten anderer leben, so könnte man den zweiten Teil der Gebote zusammenfassen. Sonst verspielst du die Freiheit, die Gott uns geschenkt hat.

IV

Über eines der Gebote bin ich gestolpert. Warum ausgerechnet dieses Gebot in der insgesamt doch sehr sparsamen Aufzählung? Gibt es nicht Wichtigeres? *Du sollst nicht falsch aussagen gegen deinen Nächsten.* Nach der Lektüre von Luthers Katechismus hören wir diesen ja etwas einfacher: Du sollst nicht lügen. Jeder sieht den erhobenen Zeigefinger: Gott sieht alles. Nicht selten machen Eltern ihren Kindern damit Angst. Also immer die Wahrheit sagen! Die Lebenserfahrung sagt, dass man ohne die kleinen Notlügen gar nicht durchs Leben kommt. Wer hat sich nicht schon einmal am Telefon verleugnen lassen, weil er gerade nicht mit dem anderen sprechen wollte. Brennender manchmal die Frage: Muss man einem Kranken immer die ganze Wahrheit sagen? Und natürlich fallen einem auch die Geschichten ein, in denen Lügen lebensrettend waren. Wer im dritten Reich Juden versteckt hatte, musste ständig lügen, um diese Menschen vor dem Zugriff der Nazis zu bewahren. Warum also dieses Gebot an dieser Stelle?

Wenn es nur so zusammenhanglos um Wahrheit und Lüge ginge, wäre diese Frage wohl verständlich. Bei der gründlicheren Beschäftigung mit dem Text habe ich gelernt, dass dieses Gebot auf die Aussage in Rechtsstreitigkeiten zielt. Solche Zeugenaussagen waren in früherer Zeit tatsächlich oft lebensentscheidend, denn die vielen Beweismittel, die heute zur Verfügung stehen, gab es damals noch nicht. In einer solchen Situation konnte eine falsche Aussage den anderen schon mal das Leben kosten. Du sollst dem anderen, so meint diese Weisung, nicht durch deine Aussage einen ungerechtfertigten Schaden zufügen. Es geht um die gemeinschaftszerstörende Rede. Martin Luther King hat sie einmal die Gewalttätigkeit der Zunge genannt. Mir fallen da nicht die kleinen Lügen und Notlügen ein, die mehr über die Angst des Lügners sagen als dass sie der Wahrheitsfindung schaden. Mir fallen andere, nun wirklich unser Zusammenleben und unsere Demokratie bedrohende Beispiele ein und plötzlich wird das Gebot höchst brisant. Drei will ich erzählen.

Das erste Beispiel ist eigentlich Geschichte. Man könnte es auf sich beruhen lassen, wenn es mit seinen die Gemeinschaft zerstörenden Folgen nicht noch so lange nachwirken würde. Sie nannten es Zersetzung der Persönlichkeit. Der Staatssicherheitsdienst der DDR setzte diesen Mechanismus in Szene. Der Katalog der Maßnahmen, die da, wie es heißt, »schöpferisch und differenziert anzuwenden, auszubauen und weiterzuentwickeln« sind, ist lang. Ich will aus der Richtlinie Nr.1/76 des Ministeriums für Staatssicherheit nur einiges zitieren (nach: Michael Beleites: Untergrund, Berlin 1992):

»Bewährte anzuwendende Formen der Zersetzung sind:
- systematische Diskreditierung des öffentlichen Rufes, des Ansehens und des Prestiges auf der Grundlage miteinander verbundener wahrer, überprüfbarer und diskreditierender sowie unwahrer glaubhafter, nicht widerlegbarer und damit ebenfalls diskreditierender Angaben ...
- zielstrebige Untergrabung von Überzeugungen im Zusammenhang mit bestimmten Idealen, Vorbildern usw. und die Erzeugung von Zweifeln an der persönlichen Perspektive;
- Erzeugung von Misstrauen und gegenseitigen Verdächtigungen innerhalb von Gruppen ...
- Erzeugen bzw. Ausnutzen und Verstärken von Rivalitäten innerhalb von Gruppen...durch zielgerichtete Ausnutzung persönlicher Schwächen einzelner Mitglieder;
- Die Verwendung anonymer oder pseudonymer Briefe, Telegramme, Telefonanrufe usw., kompromittierende Fotos ...
- Die gezielte Verbreitung von Gerüchten über bestimmte Personen...
- Gezielte Indiskretionen.«

Michael Beleites hat in dem zitierten Buch beschrieben, wie diese Mechanismen gewirkt haben. Das »Leben in der Lüge« war, wie Václav Havel schreibt, »die Grundstütze des Systems«, was ihn zu dem Schluss führte, dass »das ›Leben in der Wahrheit‹ eine Grundbedrohung für das System bedeutet.« Für die Stasi war die Folge dieses falsch Zeugnis reden zunächst durchaus beabsichtigtes Ziel: Menschliche Beziehungen kaputt machen. Menschen einfach fertig machen, weil sie in dem Dickicht von Lügen und Halbwahrheiten ersticken. Zersetzung der Persönlichkeit. Was die Stasi vermutlich nicht bedacht hat, ist, dass diese Methode schließlich eine ganze Gesellschaft zersetzt und zum Einsturz bringt. Was viele bei der Aufarbeitung der DDR-Vergangenheit nicht bedacht haben, sind die Spätwirkungen solcher Lügen. Und so bestätigen wir denn, was schon in den zehn Sätzen der Freiheit steht: Die Sünden der Väter suchen die Söhne heim bis ins dritte und vierte Glied. Falsch Zeugnis reden ist Gift, das lange nachwirkt. In diesem Zusammenhang bekommt der Satz der Bibel: »Die Wahrheit wird euch frei machen« einen neuen Klang.

Aber ist diese Art, Menschen kaputt zu spielen, wirklich Geschichte? Ist diese zersetzende Rede über andere wirklich ein Spezifikum diktatorischer Systeme? Ich frage mich manchmal, was wohl in der alten Bundesrepublik geschehen wäre, wenn da eine Institution gewesen wäre, die ein Zentralarchiv der vielen alltäglichen Denunziationen angelegt hätte, das eines Tages noch zu Lebzeiten der Betroffenen geöffnet worden wäre. Ein solches Zentralarchiv der Denunziationen aber sind die gesammelten Akten des Staatssicherheitsdienstes. Und es ist nach dem Untergang der DDR keineswegs nur benutzt worden, um Geschichte aufzuarbeiten. Es ist auch instrumentalisiert worden im Kampf um Macht und Einfluss im neuen Deutschland.

Wer sich unsere Arbeitswelt heute ansieht, muss leider feststellen, dass Denunziationen zum Alltag gehören. Heinz Leymann hat ein Buch über Mobbing geschrieben (Reinbek 1993), in dem er über Interviews mit Betroffenen berichtet. Auch hier will ich nur einige Aussagen zitieren:

- Telefonterror;
- Mündliche und schriftliche Drohungen;
- Man verbreitet Gerüchte;
- Man macht jemanden lächerlich;
- Man verdächtigt jemanden, psychisch krank zu sein;

– Man greift die politische oder religiöse Einstellung an;
– Man macht sich über sein Privatleben und seine Eigenarten lustig.

Die Institution Stasi ist durch das anonyme *man* ersetzt. Das ist ein Unterschied. Es scheint keine strategische Planung dahinter zu stecken. Für den Einzelnen ist die Wirkung damit aber keineswegs leichter zu verkraften. Das Böse hat nun keinen Namen mehr. Man kann nicht mehr auf die Stasi oder die Partei schimpfen. Dann muss man wohl selbst an der Misere schuld sein. Der die Gemeinschaft zersetzende Charakter dieses Mobbing ist damit nicht weniger verheerend. Man kann es überall in unserer Arbeitswelt antreffen. Wer einmal versucht hat, Betroffenen zu helfen, stellt fest, dass Wahrheit und Lüge wirklich nur noch schwer auseinander zu halten sind. Es kommt sehr schnell zu dem Effekt, den Max Frisch sehr eindrücklich in seiner Geschichte vom Andorranischen Juden erzählt hat, der – obwohl in Wirklichkeit gar kein Jude – sehr bald genau so wurde, wie die Vorurteile der Andorraner ihn beschrieben haben. Mobbing macht die Menschen schließlich so, wie die Gerüchte, die vorher verbreitet wurden, ihn beschreiben. Und wenn die Studien dazu nicht trügen, dann nimmt dieses Mobbing in unserer Wettbewerbsgesellschaft, die viele als Ellenbogengesellschaft empfinden, immer mehr zu. Die neu gewonnene Freiheit, so empfinden es viele Menschen, die sich aus der eingemauerten DDR befreit haben, diese Freiheit wird wieder zerrieben zwischen den Mühlsteinen der Konkurrenz, die sich wohl Chancengerechtigkeit auf die Fahnen geschrieben hat, von fairen Wettbewerbsbedingungen aber weit entfernt ist.

Das dritte Beispiel ist schon darum hoch brisant, weil ich damit an ein Tabu herangehe. Es ist brisant, weil es die hoch gelobte Pressefreiheit hinterfragt. Aber an diesem Beispiel spürt man vielleicht am deutlichsten, wie hochpolitisch dieses Gebot ist: Du sollst nicht falsch Zeugnis reden wider deinen Nächsten. Heinrich Böll hat das Problem für mich als erster in seiner Erzählung »Die verlorene Ehre der Katharina Blum« bereits in den siebziger Jahren des vergangenen Jahrhunderts sehr eindrücklich dargestellt. Wer die Erzählung liest, der spürt: Hier geht es unserer freiheitlichen Demokratie an die Kehle. Hier wird die so genannte Pressefreiheit für einen Menschen existenzbedrohend. Solche »Freiheit« nimmt uns die Luft zum Atmen. Leider ist die Situation, seit diese Erzählung erschienen ist, nicht besser geworden. Die Tendenz hat sich eher noch verstärkt. In unserer Medienwelt werden auf der Jagd nach Sensationen und Schlagzeilen Menschen, ihre Absichten und Pläne, ja es wird sogar ihr persönliches Leben in Verruf gebracht. Diese Art von politischem Mobbing scheint immer mehr zu einem normalen Element politischer Auseinandersetzung zu werden. Ich lese mir daraufhin noch einmal die Auszüge der Richtlinie Nr. 1/76 durch, die ich oben zitiert habe und bekomme einen Schreck. Zu jedem Anstrich fallen mir Beispiele aus dem heutigen politischen Leben ein, Veröffentlichungen, die genau dies zum Ziel haben. Woher nehmen wir die Gewissheit, dass das, was damals gemeinschaftszerstörenden Charakter hatte und zum Zusammenbruch des Systems führte, heute andere Wirkungen zeitigt?

Nun könnte man heute vielleicht sagen: Wer sich ins politische Amt und damit in besonderer Weise in die Öffentlichkeit begibt, der muss auch damit rechnen, ungerechtfertigt angegriffen zu werden. Die Leute werden schon zu unterscheiden wissen. Das Schlimme ist bloß, man braucht dazu nicht nur das sprichwörtlich dicke Fell, man ist im Kampf um Macht – und das wird in Wahlkampfzeiten besonders deutlich – sehr schnell selbst Mitspieler in diesem grausamen Spiel. Wer nicht schlägt, bekommt keine Schlagzeilen. Und wer nicht in den Schlagzeilen vorkommt, der ist nicht wichtig. Wer nicht wichtig ist, wird nicht gewählt. Übrig bleiben schließlich diejenigen, die es besonders gut verstehen, falsch Zeugnis wider ihren (politischen) Nächsten zu reden. Dieser

Mechanismus untergräbt die Grundlagen unserer freiheitlichen Demokratie. Jetzt wundert mich nicht mehr, dass dieses Gebot an so zentraler Stelle steht, dass es eine wesentliche Regel in den zehn Worten der Freiheit ist. Du sollst nicht falsch Zeugnis reden wider deinen Nächsten.

Mir scheint auch, dass dieser Mechanismus vom Andorranischen Juden, den ich gerade für das Mobbing beschrieben habe, längst im Gang ist. Politiker, die, noch bevor sie ins politische Amt kamen, ganz anders redeten und handelten, werden plötzlich genau so, wie das Vorurteil, das über Politiker so weit verbreitet ist. Was ist hier eigentlich Ursache, was Wirkung? Die Sache fängt ja in Andorra damit an, dass die Leute wissen, wie die Juden sind. Wir meinen heute zu wissen, wie die Politiker sind. Bereits diese undifferenzierte Rede ist »falsch Zeugnis wider deinen Nächsten«. Darum liegt mir auch daran zu betonen, dass mit der Beschreibung solcher Mechanismen in den Medien keineswegs ein globales Urteil über die Journalisten gefällt ist. Ein besonderes Gebot für sie scheint mir dieser Merksatz für die Bewahrung von Freiheit allerdings schon zu sein.

Das gilt übrigens in besonderer Weise, wenn unbeteiligte Dritte in Mitleidenschaft gezogen werden. Ich werde die Beispielgeschichte dazu etwas verfremden, um nicht in jenen Fehler zu verfallen, den ich gerade beklage. Aber das Beispiel ist nicht erfunden. Es geht um den Sohn einer Politikerin A, der mit einem Freund des Nachts nach einer Feier durch die Stadt geht. Plötzlich wird er von einer Polizeistreife angehalten. Aus den benachbarten Schrebergärten kommt ein Bürger und ruft: Die waren es. Offenbar hatten Jugendliche, wie sich später herausstellte, in der Nähe auf einem Baufahrzeug randaliert und eine Scheibe eingeschlagen. Die Personalien wurden aufgenommen. Eine Strafanzeige sollte erstattet werden. Soweit so gut, das kann passieren. Ich will dem Mann mit seiner Falschaussage auch keinen Vorwurf machen, obwohl es nahe läge, hier von »falsch Zeugnis« zu reden. Man kann sich irren. Das Drama beginnt eigentlich erst am nächsten Tag. Auf der ersten Seite der Lokalzeitung steht, als wäre das ein Weltereignis: Der Sohn der Politikerin A hätte des Nachts in den Parkanlagen der Stadt randaliert. Es wäre Strafanzeige erstattet worden. Ein Polizist hatte offenbar einen Journalisten unterrichtet. Die Politikerin denkt: So etwas kann man sich nicht gefallen lassen: Protest gegenüber der Zeitung. Das Ergebnis: Ein längerer Artikel am folgenden Tag, in dem der Vorgang mit allen Namen und Verdächtigungen, die dem Leser wie Fakten erscheinen, noch einmal wiederholt wird für alle, die es am Vortag noch nicht gelesen haben. Dazu die »Entschuldigung« des Chefradakteurs, man hätte den Namen des Delinquenten nicht nennen dürfen. Das Ergebnis nun endgültig ein Spießrutenlaufen des jungen Mannes durch die Stadt. Dabei war sein Fehler nur, zur falschen Zeit an der falschen Stelle gewesen zu sein. Als Monate später die Ermittlungen wegen fehlenden Tatverdachtes eingestellt werden, findet sich keine Notiz in der Zeitung. Der Artikel zielte natürlich nicht auf den Sohn, sondern auf die Politikerin A. selbst, die in Mißkredit gebracht werden sollte.

Unsere Zeitungen sind voll von Beiträgen, die nur geschrieben werden, um anderen zu schaden. Auf der Jagd nach Sensationen werden es immer mehr. In Wahlkampfzeiten werden solche Methoden sogar zum Mittel der Politik. Und der Betroffene kann sich nicht wehren, denn längst haben die Zeitungen Formulierungen gefunden, die ihr Ziel erreichen und nicht justiziabel sind. »Ein Verdacht fällt wie ein Berg über Unschuldige«, sagt ein chinesisches Sprichwort. Du sollst nicht falsch Zeugnis reden wider deinen Nächsten. Das wäre wirklich ein gutes Gebot für die Pressefreiheit. Ohne diese Regel berauben wir uns schnell wieder der Freiheit, die uns geschenkt wurde. Vielleicht empfinden wir Ostdeutschen, die sich diese Freiheit so sehnlich gewünscht haben, diesen Mangel an Verantwortung besonders deutlich.

Ja, dieses Gebot gegen das falsch Zeugnis reden ist auch ein notwendiges Gebot für die politische Kultur.

Wie wenig es Geltung hat unter uns, das bedrückt mich schon, denn das Schlechtreden des anderen gefährdet inzwischen unsere Demokratie. Wenn der, der frecher lügen und die Leute raffinierter hinters Licht führen kann, am Ende die Oberhand gewinnt, dann sind die Verführer nicht weit, die unserer Freiheit ein Ende machen könnten. Die zehn Sätze der Freiheit sind wirklich nicht Gottes moralische Keule. Sie entspringen vielmehr der Sorge eines liebenden Vaters um die Freiheit seiner Kinder. Um die Freiheit der Kinder Gottes geht es ihm.

Lobt Gott, verlasst euch nicht auf Politiker

I

»Ich interessiere mich gar nicht für Politik«, sagt die Lady in der Talkshow. Und sie ist ein bisschen stolz darauf. Zögerlicher Beifall, bis der Moderator ermunternd einfällt: »Endlich mal jemand, der es ehrlich ausspricht!« Mir kommt sie einsam vor, diese Frau, trotz der öffentlichen Aufmerksamkeit, die sie genießt. Ich bin versucht, zu protestieren, den moralischen Zeigefinger zu erheben. »Diese Unpolitischen! Sie liefern unsere Demokratie den Interessen der Mächtigen aus!« Aber ich schweige. Der moralische Zeigerfinger hat noch selten Menschen verändert. Aber die heimliche Sympathie für diese Frau lässt mich nicht los. Wofür interessiert sich die Frau eigentlich nicht? »Für Krieg und Frieden schon«, sagt sie noch. Offenbar hat sie das Gefühl, Krieg könne auch sie betreffen.

Ist diese Politikverdrossenheit der Vorbote für das Ende der Politik? In der Skala der Anerkennung stehen Politiker ohnehin schon ziemlich am Ende, streiten sich mit den Pfarrern um die letzten Plätze. Wo fängt sie eigentlich an, die Politik, diese Sorge um die Polis, um die Gemeinschaft und das Zusammenleben der Bürgerinnen und Bürger? Doch nicht da, wo Politikerinnen und Politiker sich streiten und man kaum noch erkennen kann, worum es eigentlich geht. Politik fängt an, wo der Einzelne vor seine Tür tritt, seinem Nachbarn begegnet und sie anfangen, über sie gemeinsam betreffende Dinge zu reden: Den Gartenzaun oder den Verkehr auf der Straße. Politik fängt an, wo die beiden sich verabreden zu gemeinsamem Tun. Wer sich gar nicht für Politik interessiert, bleibt einsam hinter der verschlossenen Tür.

Wo mein Leben dem Leben anderer Menschen begegnet, da beginnt Politik. Und wo Politik nicht dem Zusammenleben der Menschen dient, da ist sie keine gute Politik. Zu oft haben wir das Gefühl, dass Politik gerade dies nicht tut, dem Zusammenleben der Menschen dienen. Darum ist uns das Vertrauen in die Arbeit der Politiker verloren gegangen. Sie erscheinen uns nur noch als Schauspieler auf der politischen Bühne. Und das Theaterstück, das sie aufführen, gefällt uns nicht. Zu fremd ist das Stück. Zu wenig hat es zu tun mit dem Stück auf der Bühne des Lebens, in dem wir mitspielen. Wo ist die Brücke zwischen diesen Welten? Lässt sich das überhaupt zusammendenken, mein kleines Leben und die großen Probleme dieser Welt?

Es war noch zu DDR-Zeiten, mitten in unserer atheistisch geprägten Welt, als ich auf der Bühne der Komischen Oper in Berlin dieses Zusammendenken im »Fiedler auf dem Dach« eindrücklich erlebt habe. Tewje, der Milchmann, redet mit seinem Gott, versucht, die großen Gedanken Gottes zusammenzubringen mit den alltäglichen Sorgen seines Lebens. Da war es zu spüren: Das Gebet, diese Rede mit Gott, sie ist der Ort, an dem das, was meine Seele umtreibt, sich verbindet mit der Sorge für diese Welt. Die Psalmen unserer Bibel sind ein eindrücklicher Beleg dafür. Und darum ist es nur auf den ersten Blick verwunderlich, wenn beim Nachdenken über die politische Bedeutung der biblischen Botschaft auch ein persönliches Gebet, ein Psalm ins Blickfeld kommt. Der Psalm 146 ist allerdings kein unpolitischer Psalm.

II Lobt Gott

Halleluja. Lobe den Herren, meine Seele.

Gibt es Gründe, zu loben? Warum fallen uns Gründe zum Klagen viel schneller ein? Dabei sind die Tage so schön, wo man morgens aufsteht und als erstes ein Halleluja singen möchte. Ich erinnere mich vor allem an Urlaubstage. Strahlende Sonne über dem verschneiten Winterwald. Die ersten Krokusse, wenn ich vor die Tür trete. Der Sprung ins Wasser eines Bergsees. Das wunderbare

Gold des Herbstwaldes. Halleluja. Der Psalmbeterin – ich stelle mir einfach einmal vor, es wäre eine Frau – der Psalmbeterin gelingt es offenbar, mit einem Halleluja anzufangen. Damit ist die Grundmelodie vorgegeben, selbst wenn sich bald die bange Frage einstellen sollte, ob diese Grundmelodie durchzuhalten ist.

Es gibt Tage, da lese ich diesen Satz wie eine Aufforderung an meine Seele. Los, Seele, hab dich nicht so, lobe den Herrn. Das sind Tage, da drücken die Sorgen. Da fällt mir nicht gleich etwas zum Freuen ein. Vielleicht sollte das das Morgengebet eines Christen sein: Den Tag nicht beginnen, bevor mir nicht etwas eingefallen ist, worauf ich mich freuen kann. Manchmal muss man danach suchen. Die Zeit dafür darf man nicht aus dem Terminkalender streichen. Das kennt ja jeder: Wenn man in Hektik ist, findet man garantiert nichts. Dann kann es passieren, dass man dreimal hinsieht und das Gesuchte einfach übersieht. Also: Ein bisschen Ruhe gehört schon dazu. Der richtige Blick. Vielleicht fehlt es uns gerade daran, wenn uns nichts zu loben einfällt, der Blick für die kleinen Dinge, die das Leben schön machen. Der Sonnenschein, der unseren Weg begleitet. Oder das Lächeln des Kindes, dem wir auf der Straße begegnen. Der Hund, der mit dem Schwanz wedelt oder das hübsche Mädchen, das jeden Morgen an der gleichen Stelle in die Straßenbahn einsteigt. Manchmal sind es die kleinen Dinge des Lebens, die die großen Sorgen in die richtigen Proportionen rücken. Man braucht nur den Blick dafür.

In einem Pfarrhaus aufgewachsen kenne ich das von Kindheit an, diese täglich neue Aufgabe, Menschen Mut zu machen. Gewundert habe ich mich in meinen acht Jahren als Ministerpräsident, dass dies auch zu den alltäglichen Aufgaben eines Ministerpräsidenten gehört, Mut machen: Wir packen das schon! Auf der Demonstration, beim Betriebsbesuch, in der Parteiveranstaltung, in der Bürgersprechstunde. Und beim Besuch von Senioren im Pflegeheim fühlt man sich dann wirklich wie ein Seelsorger. Da ist es ja schwer, einfach gute Gesundheit zu wünschen. Da ist das Leben begleitet von Beschwerden. »Ich wünsche Ihnen, dass Sie jeden Tag etwas zum Freuen finden. Und solange das gelingt, lohnt es zu leben.« Da hören sie mehr hin, als wenn ich über die Rentenanpassung rede. Es ist schon merkwürdig mit der Politik. Sie hat offenbar mehr mit der Grundmelodie des Lebens zu tun, als viele denken.

Darauf kommt es an, dass wir den Blick behalten für das, was zum Halleluja führt. Der Kleine Prinz hat in dem wunderschönen Buch von Saint-Exupéry gesagt: »Man sieht nur mit dem Herzen gut, das Wesentliche ist für die Augen unsichtbar.« Vielleicht könnte man es bei diesem Psalm so sagen: »Man lobt nur mit der Seele Halleluja. Das für das Leben Wesentliche will uns nicht in den Kopf.« Ja, diese besondere Art, das Leben zu nehmen, ist der Anfang des Lobgesangs. Ob nun schon Lob oder erst die Ermahnung zum Lob, der Anfang des Psalms will, dass wir den Blick behalten für die vielen Wohltaten, die Gott uns jeden Tag schenkt. Es wäre undankbar, wenn wir sie übersehen. Und wir betrügen uns selber um den Reichtum des Lebens.

Ich will den Herrn loben, solange ich lebe, und meinem Gott lobsingen, solange ich bin.

Lebenslänglich. Das ist vielleicht ein bisschen viel. Denn bei allem Optimismus, es gibt Tage, es gibt Situationen, da scheint loben nun wirklich nicht angebracht. Es gibt ja so Berufsoptimisten. Die können einem mächtig auf die Nerven gehen. Manchmal muss man auch mal richtig schimpfen oder wütend sein können. Selbst Verzweiflung gehört zum Leben. So kann das wohl auch nicht gemeint sein: Loben lebenslänglich. Und wer das Gebetbuch der Bibel, die Psalmen näher kennt, der weiß wohl, dass es neben diesen Lobpsalmen auch Klagepsalmen gibt, in denen der Beter sich bitter beklagt über das Leben und die Situation, in die Gott ihn gestellt hat.

Es gibt viele Situationen, Tiefen des Lebens, in denen uns das Loben vergehen könnte. Ich denke an eine unserer Bekannten, eine junge Mutter, die unheilbar an

Krebs erkrankt ist. Ja, auch sie hat hoffentlich jeden Tag etwas, worauf sie sich freuen kann. Aber wenn die Schmerzen wieder kommen und ihr die Sinne rauben, dann ist ihr auch das fröhliche Spielen ihrer Kinder zu viel. Und wenn ich morgens die Zeitung aufschlage, dann steht da selten etwas, was zu einem Lobgesang Anlass gibt. Die täglichen Nachrichten geben eher Anlass zu Klage und, wenn ich an die Menschen denke, die wieder durch einen Selbstmordanschlag ums Leben gekommen sind oder von Krieg bedroht werden, zu Klage und Fürbitte gleichermaßen.

Angesichts solcher Nachrichten frage ich mich eher: Warum? Warum all dieses Elend, Hass und Streit, Gewalt und Krieg. Dann kommt es mir schäbig vor, die kleinen Freuden dagegen zu stellen. Die Warum-Fragen werden doch nicht kleiner, wenn ich dagegen meine kleinen Erlebnisse und Erfahrungen halte, die Grund zur Freude sind. Lebt unsere Psalmbeterin wirklich in einer so heilen Welt, dass sie lebenslänglich nur lobsingen möchte? Nein, der Verlauf des Psalmgesangs macht es deutlich: Ihr Lob ist nur der Anfang und der Rahmen, in den sie ihr Leben, nun allerdings ihr ganzes Leben einordnet. Auf die Grundmelodie kommt es an. Sie wird manchmal durch die lauten und schrillen Töne des Lebens verdrängt. Aber der Psalm erinnert uns daran, dass diese Grundmelodie nie verstummen sollte. Und ob das gelingt oder nicht, dass hängt nicht so sehr von den konkreten Ereignissen ab, mit denen uns jeder neue Tag überfällt. Das hängt vielmehr ab von dem Gottvertrauen, mit dem wir jeden neuen Tag beginnen. Die Leute sagen dazu heute vielleicht Gelassenheit, die Psychologen nennen es Grundvertrauen. Die Psalmbeterin weiß und ist sich gewiss, dass Gottes schützende Hand sie auf allen ihren Wegen begleitet. Und das ist es allemal wert, den Herrn zu loben, meinem Gott zu lobsingen.

Verlasst euch nicht auf Fürsten; sie sind Menschen, die können ja nicht helfen.

»Fürsten« übersetzt Luther, das ist altertümlich. Gemeint sind ja nicht Prinz Charles oder Prinzessin Beatrice und all die erlauchten Damen und Herren, die die Seiten in einschlägigen Zeitschriften füllen. Da hilft nichts, so schwer es mir auch fällt, wir müssen heute übersetzen: »Verlasst euch nicht auf Politiker.« Die Ermahnung freilich ist hochaktuell. Da kam neulich im Wahlkampf ein Bürger auf mich zu und sagte: »Sie müssen endlich mal machen, dass die Menschen glücklicher sind.« Was erwarten die Leute eigentlich alles von Politikern. Wir können doch kein Gesetz über Glück und Zufriedenheit der Bürgerinnen und Bürger verabschieden. Wir können zwar versuchen, die Chancen für alle zu verbessern. Die Chancen dann auch wahrnehmen und sein Leben gestalten, das muss schon jeder selber tun. Ein bisschen erinnerte mich diese Frage, die Erwartung dieses Bürgers auch an DDR-Zeiten, wo das Politbüro zu wissen meinte, was zur Beglückung der Menschen notwendig ist und die Beglückungsstrategien wie Gesetze verordnete. Aber selbst der Hinweis darauf stimmte den Mann nicht um. Der Wunsch nach dem weisen Führer, der alle Ungerechtigkeiten besiegt und uns selbst die Verantwortung abnimmt, gehört offenbar schon über Jahrtausende zu den gottlosen Träumen der Menschheit. Erich Fried hat es in ein paar Verse gebracht:

Die Abnehmer

Einer nimmt uns das Denken ab
Es genügt
seine Schriften zu lesen
und manchmal dabei zu nicken

Einer nimmt uns das Fühlen ab
Seine Gedichte

erhalten Preise
und werden häufig zitiert

Einer nimmt uns
die großen Entscheidungen ab
über Krieg und Frieden
Wir wählen ihn immer wieder

Wir müssen nur
auf zehn bis zwölf Namen schwören
Das ganze Leben
nehmen sie uns dann ab

Also, verlasst euch nicht auf Politiker. Sie haben zwar große Verantwortung, sie müssen viel tun und können viel falsch machen. Über Glück und Zufriedenheit der Menschen allerdings bestimmen sie nicht. Sie können Krieg machen. Frieden stellen sie selten her. Sie können Ungerechtigkeiten mindern. Von einer gerechten Welt bleiben wir weit entfernt. Mit Macht von oben lässt sie sich nicht herstellen. Verlasst euch nicht auf Politiker. Verlasst euch nicht auf die da oben. Sie sind auch nur Menschen mit begrenzten Fähigkeiten und Einsichten. Sie entscheiden zwar mit über das Vorankommen der Wirtschaft. Aber in Zeiten der Globalisierung, also der wechselseitigen Abhängigkeit der verschiedenen Regionen unserer Welt voneinander, wird immer deutlicher, wie wenig eine einzelne Regierung noch die Wirtschaftsentwicklung im eigenen Land beeinflussen kann. Ein Krach an den Finanzmärkten fegt alle noch so gut ausgedachten Konjunkturprogramme weg.

Verlasst euch nicht auf Politiker. Die wollen natürlich wieder gewählt werden. Das macht sie abhängig von der allgemeinen Meinung. Das macht sie anfällig, den Menschen Dinge zu versprechen, die sie nicht halten können. Wenn es einflussreichen Lobbygruppen gelingt, die allgemeine Meinung gegen sie zu beeinflussen, dann werden sie weggefegt, bevor die kleinen Leute merken, dass sie den Schaden davon haben. Selbst wenn die Politiker alle gut und bemüht wären, woran ja aus verständlichen

Gründen immer wieder Zweifel angemeldet werden, selbst wenn sie alle gut und bemüht wären: Im Blick auf die Frage eines glücklichen Lebens können sie nicht wirklich helfen. Da ist schon die Lebenskunst eines jeden Einzelnen gefragt.

Die Ostdeutschen, die die DDR noch einigermaßen gut kennen, haben da in den letzten Jahren besondere Erfahrungen gemacht. Zu DDR-Zeiten hatten wir immer einen, der für alles verantwortlich und im Zweifelsfall auch an allem Schuld war: die da oben, die alten Herren des Politbüros. Als die weg waren, sollte Helmut Kohl es richten. 1990 gab es den Glauben: Wenn wir erst Westgeld haben, werden wir glücklicher sein. Dann können wir uns nicht nur vom Begrüßungsgeld, sondern vom eigenen Geld die vielen schönen Sachen kaufen, die wir vorher nur in der Reklame gesehen haben. Später war es die Ankündigung der blühenden Landschaften, die Glück versprachen. Und als die blühenden Landschaften nicht kamen, sollte Gerhard Schröder es mit der Chefsache Aufbau Ost richten. So groß war das Vertrauen auf die da oben, dass erst jetzt im Bewusstsein eines jeden Ostdeutschen ankommt, wie anstrengend Kapitalismus ist, und dass reicher sein noch lange nicht glücklicher sein bedeutet. Verlasst euch nicht auf die da oben. Das können die nicht richten. Es kommt auf unsere Lebensgestaltung an.

Die Mahnung muss heute allerdings noch weiter gehen. Zu einfach wäre es, wollten wir diesen Satz nur als die Bestätigung der allgemeinen Politikerverdrossenheit lesen. Wir haben das Vertrauen ja längst weiter delegiert von den ständig miteinander im Streit liegenden Politikern hin zu den scheinbar objektiven Gesetzmäßigkeiten weltwirtschaftlicher Entwicklung. Wir haben den Glauben an die Politiker durch den Glauben an den Markt ersetzt. Im Übergang der Systeme erlebe ich das besonders drastisch. Wurde in der sozialistischen Planwirtschaft der Markt durch die Politik ersetzt, so erleben wir heute geradezu das Gegenteil: Die Politik wird an immer mehr

Stellen durch den Markt ersetzt. Es ist aber eine gut genährte Illusion der Marktwirtschaft, käme nur ein kräftiges Wirtschaftswachstum, dann würden sich schon alle anderen Probleme in der Gesellschaft lösen. Eine gefährliche Illusion. Sie entmündigt die Politik und macht sie gegenüber der Wirtschaft erpressbar. Verlasst euch nicht auf Wirtschaftsbosse; sie sind Menschen, die können ja nicht helfen. Die Fürsten unserer Welt haben viele Gesichter.

Das ist gar nichts gegen die Fürsten, gegen die da oben, gegen die Politiker und Wirtschaftsfunktionäre. Sie werden in diesem Psalm nicht zu Unmenschen. Sie sind eben nur Menschen. Dieser Satz enthält die nüchterne Einsicht, dass sich die Verantwortung für ein gelungenes Leben nicht einfach auf andere abschieben lässt. Für manche eine bittere Einsicht. Sie gilt übrigens nicht nur im politischen Raum. Sie gilt nicht nur gegenüber denen da oben. Sie gilt auch unter uns, zwischen den Generationen. Die Tatsache beispielsweise, dass ich eine schwierige Kindheit hatte, ist keine Entschuldigung dafür, dass ich andere Menschen zusammenschlage. Da hilft auch kein infantiler Trotz nach dem Motto eines bockigen Kindes: »Es geschieht meiner Mutter recht, dass ich kalte Hände habe, warum zieht sie mir keine Handschuhe an.« Oder noch schlimmer: Wer die Schuld an seinem eigenen Unglück nur bei anderen sucht, der ist fähig zu so grausamen Taten, wie wir sie vor einiger Zeit am Gutenberggymnasium in Erfurt erlebt haben. Ein junger Mensch erschießt seine Lehrer. Nein, wir müssen schon selbst überlegen, wie wir leben wollen, was uns wichtig ist und worauf wir verzichten können. Die Frage allerdings ist so einfach gar nicht zu beantworten: Was ist wichtig für ein erfülltes Leben? Worauf sollen wir unsere Lebensplanung bauen?

Die Psalmbeterin ruft sich in diesem Zusammenhang in Erinnerung: *Denn des Menschen Geist muss davon, und er muss wieder zu Erde werden; dann sind verloren alle seine Pläne.*

Das Leben einmal vom Ende her denken, das ist eine Hilfe, nicht nur in der Politik. Und ich will hier auch nicht wiederholen, was im Kapitel über das ZUSPÄT dazu geschrieben worden ist, selbst wenn es mit hierher gehört. Denn es geht natürlich um das Ende, dem wie bei den zehn Jungfrauen die Einladung zum Hochzeitsfest folgt. Wer das nicht mitdenkt, für den würde sich freilich eine ganz andere Logik ergeben. Darauf weist Paulus hin: Wenn die Toten nicht auferstehen, dann »lasst uns essen und trinken, denn morgen sind wir tot!« (1. Korinther 15,32) Die Psalmbeterin denkt vom Ende her im Blick auf die menschlichen Pläne, die ein Ende haben. Bei manchen Plänen denke ich: Gott sei Dank! Gott sei Dank, dass die Pläne vom tausendjährigen Reich am 8. Mai 1945 nach 12 Jahren ein Ende hatten. Inzwischen sind auch die Pläne Stalins und Milosovitschs von der Zeit verweht. Gut, dass auch Diktatoren nur Menschen sind, deren Pläne ein Ende haben. Höre ich da eine Spur von Gelassenheit? Muss man manchmal einfach warten, bis das Unglück vorbei ist? Nicht jeder Diktator muss und kann mit militärischer Gewalt von außen vertrieben werden. Der Text mahnt, einmal vom Ende her zu denken.

Und mir stellt sich die Frage: Wie verändern sich eigentlich unsere Pläne, wenn wir sie vom Ende her bedenken? Ich erinnere mich an ein befreundetes Ehepaar. Vor einigen Jahren wollten sie sich scheiden lassen. Die Liebe war ihnen abhanden gekommen »wie anderen Leuten ein Stock oder Hut« (Kästner). »Und was macht ihr dann, wenn jeder von euch ganz allein dasitzt?«, war unsere Frage. Sehr überzeugend waren die vagen Vorstellungen von dem ganz neuen Anfang bei beiden nicht. »Und wenn ihr alt seid und euch sehnlichst einen Menschen in eurer Nähe wünscht, der euch kennt, der euch vertraut ist, was dann?« Die beiden sind noch zusammen, beide inzwischen gesundheitlich etwas angeschlagen – und richtig glücklich, dass sie sich haben. »Gott sei Dank, dass wir damals nicht auseinander gelaufen sind!« Das klingt fast wie das Halleluja am Anfang. Vom Ende her denken, das ist noch mehr, als die Dinge zuende denken. Das ist ein Perspektivenwechsel. So erscheinen die Dinge in einem neuen Licht.

Wenn man vom Ende her denkt, erscheint auch die Macht der Politiker und Wirtschaftsbosse noch einmal in einem neuen Licht. Das will die Psalmbeterin offenbar auch mit dem *denn* am Anfang dieser Zeile provozieren. Zu viele Weltverbesserer hat es schon gegeben, deren Ideologien doch bald verflogen sind. Seine Hoffnung jedenfalls sollte man nicht darauf setzen. Das gefährliche ist bloß, sie kommen heute im Gewand von Wissenschaftlichkeit, werden verkauft von professionellen Werbeagenturen. Die können heute jeden Krieg so vorbereiten, dass eine Mehrheit ihn für zwingend notwendig hält. Bei mir schleicht sich die Frage ein: Können wir eigentlich warten, bis der Demagoge am Ende ist und seine Pläne dahin?

Vom Ende her denken würde freilich auch der Politik und den Politikern öfter mal gut tun. So mancher Krieg wäre nicht begonnen worden, wenn man mit den Kriegsplänen auch gleich den Plan für den Frieden danach hätte machen müssen. Das Taliban-Regime in Afghanistan ist vertrieben worden und noch weiß keiner, wie man die danach eingesetzten Friedenstruppen wieder abziehen kann, ohne dass der Konflikt zwischen den verfeindeten Stämmen wieder ausbricht. Wann wird es Israel und Palästina gelingen, ihren Konflikt einmal vom Ende her zu bedenken? Wenn das gelänge, könnte sich manches aufeinander zu bewegen. Perspektivenwechsel ist nötig, um aus der Sackgasse heraus zu kommen. Die Psalmbeterin tut es, und sie kommt zu einer befreienden Erkenntnis.

Wohl dem, dessen Hilfe der Gott Jakobs ist, der seine Hoffnung setzt auf den Herrn, seinen Gott, der Himmel und Erde gemacht hat, das Meer und alles, was darinnen ist; der Treue hält ewiglich.

Worauf setzen sie ihre Hoffnung? Ich meine nicht nur die große Hoffnung. Da könnten wir Christenmenschen uns wohl schnell darauf einigen: Wir setzen unsere Hoffnung auf den Herrn, unsern Gott. Aber wie setzt diese Hoffnung sich um in die vielen kleinen Hoffnungen für unsere Welt, für unseren Alltag? Die Hoffnung gegen die Angst, die wir ausdrücken in den Sätzen: »Hoffentlich…«. »Hoffentlich passiert ihm nichts, dem Kind.« - »Hoffentlich wird sie wieder gesund.« - »Hoffentlich schaffe ich das.« Wie viele solcher Sätze könnten wir bilden. Sätze an der Grenze dessen, was wir tun können und dem, was nicht mehr in unserer Macht liegt. Christen haben es gut. Für sie ist jeder Hoffentlich-Satz ein Gebet, eine Bitte an den, der seine schützende Hand über uns hält und uns treu begleitet auf unserem Weg. Wohl dem, der seine Hoffnung setzt auf unseren Gott.

Wer auf den Herrn hofft, der hofft nicht nur für sich selbst, der hofft auch für unsere Welt. Und die hat es angesichts von viel Resignation und Enttäuschung bitter nötig. Wo die Hoffnung stirbt, da stirbt auch das Leben. Ich weiß: Es ist nicht leicht, die Hoffnung für diese Welt trotz alledem, was wir täglich hören und lesen, festzuhalten. Hoffnung ist eine Widerstandsbewegung gegen den Fatalismus, der sagt: »So ist das nun einmal, da kannst du nichts machen.« Die Lady, von der ich eingangs erzählte, hat diesen Satz als Begründung genannt dafür, dass sie sich nicht für Politik interessiert. Für manchen mag ja diese Widerstandsbewegung gegen den Fatalismus illusionär sein. Und es tarnen sich ja auch viele Illusionen im Gewand der Hoffnung: »Die Beseitigung der Arbeitslosigkeit kommt mit der nächsten Konjunktur.« Die Hoffnung: »Wenn wir die Terroristen alle fangen, dann wird die Welt gut.« Wer auf den Herrn hofft, weiß, solange die Erde besteht, wird die Hoffnung als Widerstandsbewegung gegen die Resignation nötig sein.

Als wir vor über 15 Jahren mit dem konziliaren Prozess für Frieden, Gerechtigkeit und Bewahrung der Schöpfung begonnen haben, da hieß das Motto: »Eine Hoffnung lernt gehen.« Das war die Hoffnung auf die Veränderung unserer damals noch in Blöcke geteilten Welt hin zu mehr Frieden, mehr Gerechtigkeit und einem Umgang mit unserer Welt, die auch noch unseren Kindern und Enkeln eine bewohnbare Erde hinterlässt. Am Schluss unserer ökumenischen Versammlungen haben wir das Motto im Blick auf die Zukunft verändert: »Eine Hoffnung geht weiter.« Heute frage ich mich manchmal: Ist diese Hoffnung wirklich weitergegangen? Mehr Frieden? Wohl eher neue Kriege, wo wir doch einmal dachten, dass Kriege heute nicht mehr führbar wären. Balkankriege, Afghanistan, Irak.

Und ob unsere Welt gerechter geworden ist angesichts der Tatsache, dass sowohl im eigenen Land wie auch weltweit die Armen immer ärmer und die Reichen immer reicher werden, das mag auch bezweifelt werden. Und gegen die Klimakatastrophe sind auch noch keine wirklich wirksamen Programme entwickelt worden. So kann das doch nicht gemeint sein: Wir setzen unsere Hoffnung auf den Herrn und überlassen diese Welt ihrer Hoffnungslosigkeit nach dem Motto: Da ist sowieso nichts mehr zu retten. So jedenfalls hat es die Psalmbeterin auch nicht gemeint. Sie hofft auf ihn, ihren Gott, weil der seiner Schöpfung die Treue hält, ewiglich, wie es heißt, also unbegrenzt, ohne Ende. Gott hofft treu für seine Welt. Und wir sollten ihn damit nicht allein lassen.

Treue ist selten geworden in unserer Wettbewerbsgesellschaft. Da will man lieber zu den Siegern gehören. Und weil immer mal wieder ein anderer vorne liegt, muss man sich stets neu orientieren. Wer will schon mit einem Verlierer aufs Bild. Schließlich könnte es den eigenen Interessen schaden. Bei einem politischen Wechsel im

Land ist das in einer Schärfe zu spüren, die einen erschrecken könnte. Es braucht nur Stunden und schon haben sich alle neu orientiert. Treue ist da nicht gefragt. Kaum jemand bedenkt die offenkundige Gefahr. Denkt daran, wie es am Ende aussieht: Wer sein Leben immer nur an den eigenen Interessen ausrichtet, steht am Ende sehr einsam da. Der Gott, auf den die Psalmbeterin sich verlässt, ist anders. Er steht treu zu seiner Schöpfung, treu zu den Menschen, die er geschaffen hat. Er stellt sich auch zu den Verlierern. Leicht ist das sicherlich nicht, wenn man sieht, wie die Menschen mit seiner Schöpfung umgehen. Sie beuten sie aus, statt sie gemäß seinem Auftrag zu bebauen und zu bewahren. Gott hält seiner Schöpfung die Treue. Das ist der eigentliche Grund unserer Hoffnung. Seine Treue erweist sich darin, dass er zu den Schwachen steht, zu den Verlierern.

VI Handelt für die Gerechtigkeit

Gott geht es um Gerechtigkeit. Diese Gerechtigkeit meint mehr als Menschenrechte, mehr, als unsere Gerichte bieten können. Die Bibel meint mit Gerechtigkeit gemeinschaftsdienliches, die Gemeinschaft förderndes, menschengerechtes Verhalten. Arbeit für Gerechtigkeit ist Politik im besten Sinn des Wortes, Sorge um die Polis. Wir reduzieren die Gerechtigkeit sehr schnell auf eine Verteilungsgerechtigkeit zwischen Arm und Reich. Der Nobelpreisträger Amartya Sen hat in seinem Buch »Ökonomie für die Menschen. Wege zu Gerechtigkeit und Solidarität in der Marktwirtschaft« Armut neu beschrieben als Armut an Verwirklichungschancen. Das ist mehr als die Frage, wie viel Geld jeder zur Verfügung hat. Bei der Arbeit für Gerechtigkeit geht es um eine Integrationsbewegung. Es geht darum, die an den Rand der Gesellschaft Gedrängten, die Verlierer der Konkurrenzgesellschaft wieder in die Mitte hineinzuholen. Das ist eine Arbeit in jedem Land und weltweit. Und es geht darum, diejenigen, die sich selbst an den Rand gestellt haben, wieder zu ermutigen, in die Mitte der Gemeinschaft zurückzukommen. Und es geht darum, die Stummen, die keine Stimme mehr haben, die Vergessenen wieder ins Blickfeld zu bekommen.

Die Psalmbeterin hat einen Blick dafür, wer diese Menschen sind. Wer Gott fröhlich lobt, entwickelt auch eine Sensibilität für das, was dem Lobe Gottes im Wege steht. Lob Gottes entsteht gerade nicht, indem man sich eine rosarote Brille aufsetzt und alle Sorgen und Leiden dieser Welt ausblendet. Gotteslob führt zum Einsatz für die Schwachen. Ich kann doch nicht jemanden loben und ihn dann mit seiner mühseligen Arbeit allein dastehen lassen. Und dass Gott alle Hände voll zu tun hat, das kann wohl nun angesichts der Lage in dieser Welt keiner bestreiten.

Der Herr schafft Recht denen, die Gewalt leiden.

Da hat er wirklich alle Hände voll zu tun. Denn es geht ja keineswegs nur um die, die unter Waffengewalt, unter körperlicher Gewalt leiden. Martin Luther King hat einmal neben der Gewalt der Faust von der Gewalt der Zunge und des Herzens gesprochen. Und er hat damit aufmerksam gemacht darauf, wie tiefgreifend unser Zusammenleben durch Gewalt bestimmt wird. Gewalt geschieht überall dort, wo der Mensch seiner Menschenwürde beraubt wird. Und unsere Welt ist geprägt von Strukturen der Gewalt. Wir reden davon in Überschriften: Gewalt in der Schule. Gewalt in der Ehe. Gewalt gegen Ausländer. Und über manche Gewalt in dieser Welt wird viel zu wenig geredet: Gewalt der Weltfinanzmärkte, die die armen Länder knebeln. Gewalt am Arbeitsplatz, wo Abhängigkeitsverhältnisse gnadenlos ausgenutzt werden und Mobbing zum Alltag gehört. Nein, Recht schaffen denen, die Gewalt leiden, das können wir Gott nicht allein überlassen. Da braucht er unsere Augen, Herzen und Hände. Sonst ist unser Lob unglaubwürdig.

Der Herr speist die Hungrigen, macht die Gefangenen frei. Der Herr macht die Blinden sehend. Der Herr richtet auf, die niedergeschlagen sind.

Das ist seine Arbeit für Gerechtigkeit und Menschenwürde. Die Psalmbeterin sieht das und bringt das in ihrem Lobpsalm zur Sprache. Mir hat neulich jemand gesagt, er kenne keine Veranstaltungen außer denen in der Kirche, in denen immer wieder und regelmäßig die Menschen und Personengruppen benannt werden, die Gefahr laufen, unter die Räder zu kommen. Ich halte das für eine unverzichtbare Aufgabe der Kirche. Ja, wir müssen immer wieder benennen, wer in unserer Gesellschaft droht, unter die Räder zu kommen. Wenn den Menschen das Gefühl dafür abhanden kommt, wird unsere Welt gnadenlos und gewalttätig.

Damals waren es die Hungrigen. Die gibt es auch heute noch millionenfach. Aber in unserer satten und reichen Gesellschaft sind die hinzugekommen, die hungern nach Liebe und Anerkennung, menschlicher Nähe und Wärme. Manchmal sitze ich da, lasse die Menschen aus unserer Gemeinde an mir vorüberziehen und überlege, wonach sie sich vielleicht sehnen, was sie brauchen, wonach sie Hunger haben. Das ist eine gute Übung, weil die Frage, wozu man auf der Welt ist, plötzlich wie weggeblasen ist von der Frage, zu wem man denn zuerst gehen sollte. Mit manchen schimpfe ich auch, weil sie blind sind zu sehen, was nötig, was für sie hilfreich ist. Niedergeschlagene aufzurichten ist schwerer als man denkt. Wem alle Türen zugeschlagen sind, der sieht die offene Tür nicht mehr, die ins Freie führt. Aber im Grunde genommen geht es auf den Spuren Gottes in der Welt genau darum. Entdecken, wo er am Werke ist, Hunger zu stillen, Augen und Türen zu öffnen. Wenn man dahin geht, kann man ihm begegnen. Darum ist es die Erfahrung des Beters:

Der Herr liebt die Gerechten, aber die Gottlosen führt er in die Irre.

Die für Gerechtigkeit arbeiten, die mitmachen in dieser Integrationsbewegung gegen die Ausgrenzung von Menschen aus der menschlichen Gemeinschaft, die können gewiss sein, dass Gott an ihrer Seite steht und sie nicht allein kämpfen lässt. Damals waren es vor allem die

Fremdlinge, die Waisen und Witwen, die nicht integriert waren in die Solidargemeinschaft der Großfamilie. Heute bedarf es einer größeren Sensibilität zu entdecken, wo Menschen aus der Solidargemeinschaft herausfallen. Die Gott gemeinsam loben, die machen sich auch gegenseitig aufmerksam auf die Menschen, die die Solidarität der Gemeinschaft brauchen.

Die Gottlosen suchen da, wo Karrieren gemacht werden und die Mächtigen ihre Sockel besteigen. Und wenn ein Wechsel kommt, die Wende, dann werden sie schnell zu Wendehälsen oder sind in einer Sackgasse. Sie werden vom Zeitgeist hinweggefegt. Wer nur die Parolen der Mächtigen nachplappert, geht schnell in die Irre. Gott liebt die Gerechten, nicht die Selbstgerechten. Aber Vorsicht, der Grad dazwischen ist schmal. Sehr schnell sind auch wir Christen geneigt, uns selbst unter die Gerechten einzuordnen und dabei selbstgerecht auf die Gottlosen herabzublicken. Hochmut kommt vor dem Fall heißt es in den Sprüchen Salomo. Gerecht sind wir nicht, weil wir es besser wissen und Gott auf unserer Seite haben. Gerechtigkeit, die die Bibel meint, ist gemeinschaftsdienliches Verhalten. Selbstgerechtigkeit ist das Gegenteil.

Gott liebt die, die für den Zusammenhalt in der Gesellschaft sorgen, die versöhnen statt spalten. Gerecht ist, wer anderen zu ihrem Recht verhilft. Das ist mehr als das Recht, das Gerichte herstellen können. Das Recht, das Gott schafft, will jedem Menschen einen menschengerechten Platz auf unserem Globus geben, an dem er reich ist an Verwirklichungschancen, sich als Mensch entfalten kann. Gerecht ist, wer die Menschenwürde wieder herstellt, wo sie mit Füßen getreten wird. Und weil uns das, selbst wenn wir intensiv darum bemüht sind, immer nur bruchstückhaft gelingt, haben wir keinen Anlass zu Selbstgerechtigkeit. Auch wir selbst bleiben immer angewiesen auf seine Zuwendung. Christen sind nicht besser als andere. Aber sie haben es besser, weil sie um Gottes Liebe wissen und sich darauf verlassen können, dass er gerade dann treu an ihrer Seite bleibt, wenn sie selbst zu den Hungrigen gehören, wenn sie selbst mit Blindheit geschlagen sind oder gefangen genommen werden von den Zwängen des Alltags oder den so genannten politischen Realitäten. Und das kommt öfter vor als wir denken und selber bemerken.

VII Er behält den Überblick

Mir will es so scheinen, als würde unsere Welt immer komplizierter. Die Gefahr, in die Irre zu gehen, ist sehr groß. Da ist es gut zu wissen, dass einer den Überblick behält. Das weiß auch die Psalmbeterin, wenn sie schließt mit dem Vers: *Der Herr ist König ewiglich, dein Gott, Zion, für und für.*

Er behält den Überblick. Darum können wir uns am Detail freuen und ihn loben für die vielen kleinen Dinge, die er uns täglich zum Freuen schenkt. Darum können wir die kleinen Zeichen der Hoffnung als Vorboten für die große Hoffnung feiern, die er selbst verkörpert. Darum können wir auch die Sorgen und Nöte der Menschen wahrnehmen ohne zu verzweifeln. Darum können wir uns eingestehen, wie oft wir selbst versagen ohne die Hoffnung zu verlieren.

Ja, wir haben guten Grund, Halleluja zu singen, nicht, weil alles gut ist, nicht, weil es uns erfolgreich gelungen ist, alles Ärgerliche, alles Schlimme, das ganze Leid dieser Welt zu vergessen und zu verdrängen und wie Traumtänzer durch die Welt zu wandeln. Nein, wir haben Grund, Halleluja zu singen, weil wir einen Gott haben, der seiner Schöpfung treu zugewandt bleibt in Freud und Leid, weil er uns liebt und wir auf seinen Spuren auf Entdeckungsreise bleiben können. Er hält auch heute noch angenehme Überraschungen für uns bereit.

Bibelstellenverzeichnis